プリント形式のリアル過去問で本番の臨場感！

熊本県

九州学院中学校

2025年春受験用

解答集

本書は，実物をなるべくそのままに，プリント形式で年度ごとに収録しています。
問題用紙を教科別に分けて使うことができるので，本番さながらの演習ができます。

■ 収録内容

・解答集（この冊子です）

書籍ＩＤ番号，この問題集の使い方，最新年度実物データ，リアル過去問の活用，
解答例と解説，ご使用にあたってのお願い・ご注意，お問い合わせ

・2024（令和６）年度 ～ 2022（令和４）年度　学力検査問題

JN132332

○は収録あり	年度	'24	'23	'22			
■ 問題(奨学生・専願生)		○	○	○			
■ 解答用紙		○	○	○			
■ 配点							

算数に解説
があります

注）問題文等非掲載：2022年度国語の3と社会の1

問題文などの非掲載につきまして

著作権上の都合により，本書に収録している過去入試問題の本文や図表の一部を掲載しておりません。ご不便をおかけし，誠に申し訳ございません。

本文の一部を掲載できなかったことによる国語の演習不足を補うため，論説文および小説文の演習問題のダウンロード付録があります。弊社ウェブサイトから書籍ＩＤ番号を入力してご利用ください。

なお，問題の量，形式，難易度などの傾向が，実際の入試問題と一致しない場合があります。

教英出版

■ 書籍ＩＤ番号

入試に役立つダウンロード付録や学校情報などを随時更新して掲載しています。
教英出版ウェブサイトの「ご購入者様のページ」画面で，書籍ＩＤ番号を入力してご利用ください。

書籍ＩＤ番号　103444

（有効期限：2025年9月30日まで）

【入試に役立つダウンロード付録】
「要点のまとめ（国語／算数）」
「課題作文演習」ほか

■ この問題集の使い方

年度ごとにプリント形式で収録しています。針を外して教科ごとに分けて使用します。①片側，②中央のどちらかでとじてありますので，下図を参考に，問題用紙と解答用紙に分けて準備をしましょう（解答用紙がない場合もあります）。

針を外すときは，けがをしないように十分注意してください。また，針を外すと紛失しやすくなりますので気をつけましょう。

① 片側でとじてあるもの　　② 中央でとじてあるもの

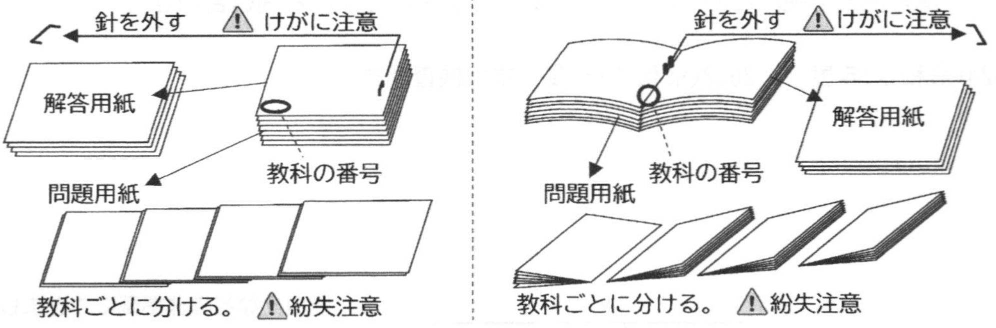

※教科数が上図と異なる場合があります。
解答用紙がない場合や，問題と一体になっている場合があります。
教科の番号は，教科ごとに分けるときの参考にしてください。

■ 最新年度　実物データ

実物をなるべくそのままに編集していますが，収録の都合上，実際の試験問題とは異なる場合があります。実物のサイズ，様式は右表で確認してください。

問題用紙	Ｂ５冊子（二つ折り）
解答用紙	Ｂ４片面プリント

リアル過去問の活用

～リアル過去問なら入試本番で力を発揮することができる～

✿ 本番を体験しよう！

問題用紙の形式（縦向き／横向き），問題の配置や余白など，実物に近い紙面構成なので本番の臨場感が味わえます。まずはパラパラとめくって眺めてみてください。「これが志望校の入試問題なんだ！」と思えば入試に向けて気持ちが高まることでしょう。

✿ 入試を知ろう！

同じ教科の過去数年分の問題紙面を並べて，見比べてみましょう。

① 問題の量

毎年同じ大問数か，年によって違うのか，また全体の問題量はどのくらいか知っておきましょう。どのくらいのスピードで解けば時間内に終わるのか，大問ひとつにかけられる時間を計算してみましょう。

② 出題分野

よく出題されている分野とそうでない分野を見つけましょう。同じような問題が過去にも出題されていることに気がつくはずです。

③ 出題順序

得意な分野が毎年同じ大問番号で出題されていると分かれば，本番で取りこぼさないように先回りして解答することができるでしょう。

④ 解答方法

記述式か選択式か（マークシートか），見ておきましょう。記述式なら，単位まで書く必要があるかどうか，文字数はどのくらいかなど，細かいところまでチェックしておきましょう。計算過程を書く必要があるかどうかも重要です。

⑤ 問題の難易度

必ず正解したい基本問題，条件や指示の読み間違いといったケアレスミスに気をつけたい問題，後回しにしたほうがいい問題などをチェックしておきましょう。

✿ 問題を解こう！

志望校の入試傾向をつかんだら，問題を何度も解いていきましょう。ほかにも問題文の独特な言いまわしや，その学校独自の答え方を発見できることもあるでしょう。オリンピックや環境問題など，話題になった出来事を毎年出題する学校だと分かれば，日頃のニュースの見かたも変わってきます。

こうして志望校の入試傾向を知り対策を立てることこそが，過去問を解く最大の理由なのです。

✿ 実力を知ろう！

過去問を解くにあたって，得点はそれほど重要ではありません。大切なのは，志望校の過去問演習を通して，苦手な教科，苦手な分野を知ることです。苦手な教科，分野が分かったら，教科書や参考書に戻って重点的に学習する時間をつくりましょう。今の自分の実力を知れば，入試本番までの勉強の道すじが見えてきます。

✿ 試験に慣れよう！

入試では時間配分も重要です。本番で時間が足りなくなってあわてないように，リアル過去問で実戦演習をして，時間配分や出題パターンに慣れておきましょう。教科ごとに気持ちを切り替える練習もしておきましょう。

✿ 心を整えよう！

入試は誰でも緊張するものです。入試前日になったら，演習をやり尽くしたリアル過去問の表紙を眺めてみましょう。問題の内容を見る必要はもうありません。どんな形式だったかな？受験番号や氏名はどこに書くのかな？…ほんの少し見ておくだけでも，志望校の入試に向けて心の準備が整うことでしょう。

そして入試本番では，見慣れた問題紙面が緊張した心を落ち着かせてくれるはずです。

※まれに入試形式を変更する学校もありますが，条件はほかの受験生も同じです。心を整えてあせらずに問題に取りかかりましょう。

2024 解答例 令和６年度　九州学院中学校【奨学生・専願生】

《国　語》

1　①でんしょう　②えいせい　③ふる　④ふしめ　⑤こ　⑥延　⑦航海　⑧実績　⑨過程　⑩築

2　問題１．ウ　問題２．イ　問題３．科学技術の～とが必要だ　問題４．A．イ　B．オ　問題５．環境問題を解決するには科学技術の力が必要であるという見方。　問題６．C．時間　D．資源　問題７．イ　問題８．エネルギー　問題９．少ない電力でたくさんの仕事をする家電製品　問題10．エ

3　問題１．目　問題２．一度車いすに慣れてしまうと歩くことが難しいということ。　問題３．エ　問題４．美奈たちにヘンに思われたくなかったから。　問題５．B．ウ　C．イ　D．エ　E．ア　問題６．ア　問題７．エ　問題８．ウ

《算　数》

1　(1)25　(2)8　(3)7.5　(4)$\frac{1}{2}$　(5)102　(6)$\frac{11}{35}$

2　(1)350　(2)273　(3)19　(4)5　(5)63.4　(6)２時間20分　(7)120　(8)126

3　(1)350〔別解〕1225　(2)17分30秒　(3)1575

4　(1)240　(2)37.68　(3)18.84

《理　科》

1　(1)4　(2)12　(3)力点　(4)⑧　(5)14　(6)ア

2　(1)エ　(2)石灰水　(3)ア，エ　(4)塩化水素　(5)黄　(6)黄

3　(1)5　(2)花粉　(3)(a)あ接眼レンズ　い対物レンズ　(b)400　(c)イ，エ　(4)別の花の花粉で受粉しないようにするため　(5)ウ

4　(1)エ　(2)ウ　(3)①西　②東　(4)25　(5)ア　(6)ア，イ，ウ

《社　会》

1　１．(1)ア　(2)小麦　２．(1)地産地消　(2)イ　３．(1)日中戦争　(2)２番目…ア　３番目…ウ　４．(1)日本国憲法　(2)①C　②A　③B　④A　５．平安京　６．(1)条例　(2)エ　７．(1)高度経済成長　(2)ウ，オ，ケ　８．公害　９．(1)高価な半導体等電子部品の輸出入が増えたから　(2)ア，エ，オ　10．グローバル化　11．記号…エ　理由…日光東照宮は関東地方にあるから（下線部は栃木県でもよい）

2　１．ウ　２．輪作　３．庄内平野　４．品種改良　５．養殖漁業　６．原発事故の処理水放出によって日本の水産物が汚染されていると思われ，輸入されなくなる

3　１．ア　２．藤原道長　３．ア　４．楽市楽座　５．領事裁判権〔別解〕治外法権　６．西南戦争　７．A．聖武天皇　B．中臣鎌足　C．織田信長　D．陸奥宗光　E．西郷隆盛　８．２番目…A　４番目…E

(4) 与式 $= \dfrac{5}{6} - \dfrac{2}{6} = \dfrac{3}{6} = \dfrac{1}{2}$

(5) 与式 $= (41-35) \times 17 = 6 \times 17 = $ **102**

(6) 与式 $= \dfrac{22}{15} \div \left\{ \dfrac{10}{3} \times \left(\dfrac{10}{5} - \dfrac{3}{5} \right) \right\} = \dfrac{22}{15} \div \left(\dfrac{10}{3} \times \dfrac{7}{5} \right) = \dfrac{22}{15} \div \dfrac{14}{3} = \dfrac{22}{15} \times \dfrac{3}{14} = \dfrac{11}{35}$

2 (1) 時速 21 km $=$ 分速 $(21 \times 1000 \div 60)$ m $=$ 分速 **350m**

(2) 定価は原価の $1 + 0.3 = 1.3$(倍)だから，$210 \times 1.3 = $ **273**(円)である。

(3) 【解き方】3で割ると1余り，4で割ると3余る整数に5を足した整数は3でも4でも割り切れる，つまり3と4の最小公倍数の12の倍数である。

12の倍数のうち，2けたで最小のものは12だが，$12 - 5 = 7$ より，もとの数が1けたとなり適さない。次に大きい12の倍数は24であり，$24 - 5 = 19$ は条件に合うので，求める数は **19** である。

(4) 右の筆算より，32を2で割り続けると，5回割り切れて商が1になるから，**5回**勝てばよい。

$$\begin{array}{r} 2\,)\,32 \\ \hline 2\,)\,16 \\ \hline 2\,)\,8 \\ \hline 2\,)\,4 \\ \hline 2\,)\,2 \\ \hline 1 \end{array}$$

(5) 【解き方】(平均点)×(人数)=(合計点)となることを利用する。

男子18人の合計点は $65 \times 18 = 1170$(点)，女子20人の合計点は $62 \times 20 = 1240$(点)である。

よって，クラス全員の合計点は $1170 + 1240 = 2410$(点)だから，平均点は $2410 \div (18 + 20) = 63.42 \cdots$(点)より，**63.4点**である。

(6) 【解き方】仕事量の合計を8と7の最小公倍数の56とする。

太郎さんが1時間で行う仕事量は $56 \div 8 = 7$，花子さんが1時間で行う仕事量は $56 \div 7 = 8$ である。この仕事を太郎さんが1人で3時間行うと，残りの仕事量は $56 - 7 \times 3 = 35$ となるから，残りを2人で行うと，$35 \div (7 + 8) = \dfrac{7}{3} = 2\dfrac{1}{3}$(時間)より，2時間$\left(60 \times \dfrac{1}{3}\right)$分 = **2時間20分**かかる。

(7) 【解き方】右図で，ABとPHは平行だから，三角形ABCと三角形PHCは形が同じで大きさが異なる三角形である。

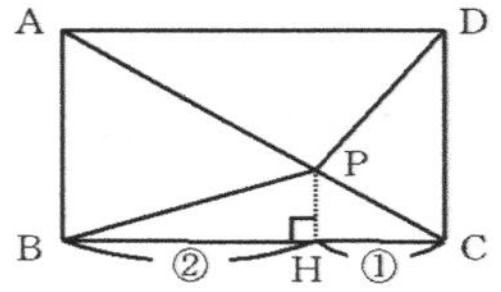

三角形ABCと三角形PHCの辺の長さの比は，BC：HC $= (2+1) : 1 = 3 : 1$

よって，AC：PC $= 3 : 1$ より，AC：AP $= 3 : (3-1) = 3 : 2$

三角形ACDの面積は長方形ABCDの面積の $\dfrac{1}{2}$ 倍だから，$360 \times \dfrac{1}{2} = 180$(cm²)であり，三角形ACDと三角形APDで底辺をそれぞれAC，APとしたときの高さは等しいので，面積の比はAC：AP $= 3 : 2$ となる。

したがって，(三角形APDの面積) $=$ (三角形ACDの面積) $\times \dfrac{2}{3} = 180 \times \dfrac{2}{3} = $ **120**(cm²)

(8) 【解き方】図1のように，直方体の各辺の長さを ⑦cm，⑦cm，9cmとする。このとき，展開図は図2のようになる。

図2より，⑦ $= 16 - 9 = 7$，⑦ $= 9 - ⑦ = 9 - 7 = 2$ だから，求める体積は $2 \times 7 \times 9 = $ **126**(cm²)である。

図1
図2
3 (1) 【解き方】AさんとBさんの間の道のりは，2人が出会うまで，1分間に $30 + 40 = 70$(m)ずつちぢまる。

AさんとCさんが出会って5分後に，AさんとBさんが出会うから，AさんとBさんの間の道のりは $70 \times 5 = 350$(m)である。

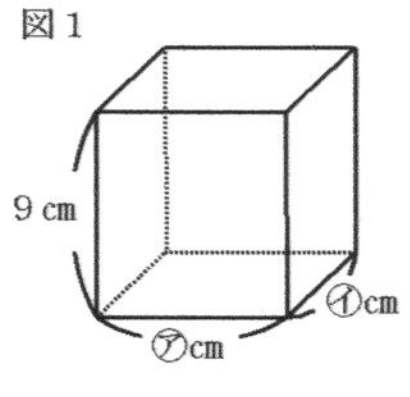

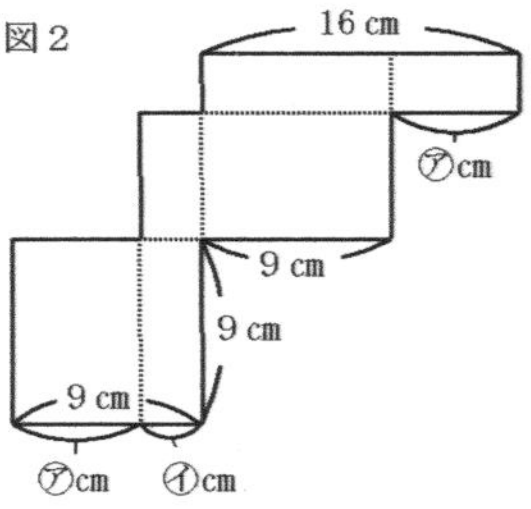

なお，(3)でトラック１周の長さを求めた後であれば，1575－350＝1225(m)も別解としてよい。

(2)　**【解き方】Ｂさんと Ｃさんの進んだ道のりの差が 350mになるときにかかる時間を求めればよい。**

Ｂさんと Ｃさんの間の道のりは１分あたり 60－40＝20(m)ずつ広がる。よって，Ａさんと Ｃさんが出会うのは，出発して 350÷20＝17.5(分後)，つまり 17 分(60×0.5)秒後＝**17 分 30 秒後**である。

(3)　**【解き方】(2)より，出発して 17.5 分後にＡさんと Ｃさんの進んだ道のりの合計は，トラック１周の道のりと等しくなる。**

Ａさんと Ｃさんは１分間に合わせて 30＋60＝90(m)歩くから，トラック１周は 90×17.5＝**1575**(m)である。

4　(1)　**【解き方】図 i で，Ａは回転してＡ′まで移動するので，角アの大きさを求める。**

点Ａが回転した角度は，180°＋60°＝**240°**である。

図 i

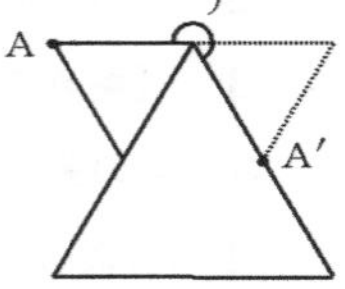

(2)　**【解き方】小さい正三角形が通ってできる図形の外周は図 ii の太線部分のようになる。**

求める外周の長さは，半径３cmの半円の曲線部分の長さ３つ分と，半径３cm，中心角 180°－60°－60°＝60°のおうぎ形の曲線部分の長さ３つ分の和である。

よって，$(3\times2\times3.14\times\frac{1}{2})\times3+(3\times2\times3.14\times\frac{60^\circ}{360^\circ})\times3=12\times3.14=$ **37.68**(cm)である。

図 ii

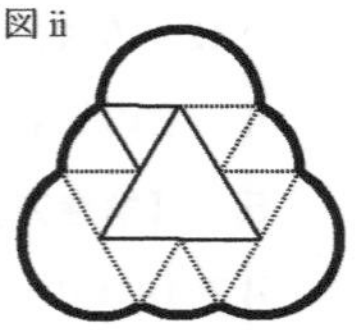

(3)　**【解き方】(2)の解説をふまえる。小さい正三角形が正六角形の頂点を越《こ》えるとき，外周をえがく小さい正三角形の頂点が回転した角度を考える。**

正六角形の１つの内角の大きさは，$\frac{180^\circ\times(6-2)}{6}=120^\circ$ だから，小さい正三角形が正六角形の頂点を越えるとき，外周をえがく小さい正三角形の頂点は図 iii のように移動し，正六角形の内角と向かい合う角の大きさ，つまり 120°だけ回転する。

図 iii

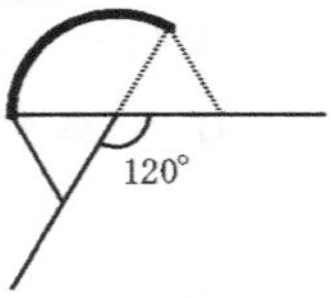

また，小さい正三角形が正六角形の同じ辺上を回転移動するとき，外周をえがく小さい正三角形の頂点は，(2)で大きい正三角形の辺上を動くのと同様の動き方をする。よって，正六角形の周りを動くときの外周の長さは，$(3\times2\times3.14\times\frac{120^\circ}{360^\circ})\times6+(3\times2\times3.14\times\frac{60^\circ}{360^\circ})\times6=18\times3.14$(cm)だから，(2)の外周の長さとの差は，18×3.14－12×3.14＝６×3.14＝**18.84**(cm)

2023 解答例 令和5年度 九州学院中学校【奨学生・専願生】

《国　語》

1 ①ぞうに　②げんしゅ　③しゅしゃ　④せんとう　⑤ちぢ　⑥久　⑦習慣　⑧磁石　⑨内閣　⑩連

2 問題1．朝　問題2．タネまきは手軽にできるということ。　問題3．B．ア　C．オ　問題4．a．ア　b．ウ　c．イ　d．ア　e．イ　問題5．ふつうはまかれることがない食べたもののタネが、簡単に発芽するから。　問題6．エ　問題7．刻々と～くれる　問題8．ウ

3 問題1．A．オ　B．イ　問題2．ウ　問題3．コンクールで入賞できる華やかな演奏　問題4．ア　問題5．イ　問題6．エ　問題7．ウ　問題8．a．エ　b．ア

《算　数》

1 ⑴78　⑵3.25　⑶0.25　⑷42　⑸5　⑹$1\frac{3}{5}$

2 ⑴0.9　⑵180　⑶10　⑷25　⑸70.6　⑹6　⑺24　⑻6

3 ⑴11　⑵5　⑶172

4 ⑴64　⑵70　⑶$65\frac{1}{3}$　⑷42　⑸9，21，0

《理　科》

1 ⑴電磁石　⑵ア　⑶ウ　⑷①16　②50　⑸8

2 ⑴蒸発皿　⑵塩化水素　⑶白　⑷黄　⑸ア　⑹イ

3 ⑴図5…ミジンコ　図6…イカダモ　⑵食物連鎖　⑶ア，エ　⑷二酸化炭素　⑸はたらき…蒸散　出口…気孔

4 ⑴化石　⑵ボーリング　⑶流れる水　⑷れき　⑸ウ→ア→エ→イ

《社　会》

1 1．イ　2．⑴阪神工業地帯　⑵ア　3．⑴ウ　⑵トレーサビリティ　4．ア　5．アイヌの人々　6．ハザードマップ〔別解〕防災マップ　7．⑴アルプス　⑵エ　8．⑴よくせい栽培　⑵【4】りんご　【5】山梨県　【6】もも　9．⑴季節風　⑵夏にかわいた風が吹くため，降水量が比較的少なく，冬には湿った風が吹き雪を降らせるため，降水量が多い。　10．大陸棚　11．ハブ空港　12．⑴用水　⑵熊本空港や九州自動車道に近いため製造した製品をすばやく出荷することができるから。　13．⑴参議院　⑵ア，エ　14．A．兵庫県　B．北海道　C．長野県　D．島根県　E．東京都

2 1．【1】イ　【2】エ　【3】ク　2．ア　3．足利義政　4．応仁の乱　5．エ　6．防塁〔別解〕石塁　7．元寇での活やくや手柄をつたえ，ほうびをもらいにきた。　8．1→3→2

3 1．徳川慶喜　2．長州藩　3．士族　4．天皇　5．D　6．C　7．学問ノススメ

1 ⑷ 与式＝６×７＝42

⑸ 与式＝(230－210)÷４＝20÷４＝５

⑹ 与式＝$(\frac{2}{5}\times 1\frac{2}{3})\div\frac{5}{12}=(\frac{2}{5}\times\frac{5}{3})\times\frac{12}{5}=\frac{2}{3}\times\frac{12}{5}=\frac{8}{5}=1\frac{3}{5}$

2 ⑴ １時間＝60 分，１km＝1000m だから，

分速 15m＝時速(15×60)m＝時速 900m＝時速(900÷1000)km＝時速 0.9 km

⑵ 原価の１＋0.2＝1.2(倍)が売値だから，原価は 216÷1.2＝180(円)

⑶ ５つのチームをＡ，Ｂ，Ｃ，Ｄ，Ｅとする。２つのチームの組み合わせができる数を考えればよいので，(Ａ，Ｂ)，(Ａ，Ｃ)，(Ａ，Ｄ)，(Ａ，Ｅ)，(Ｂ，Ｃ)，(Ｂ，Ｄ)，(Ｂ，Ｅ)，(Ｃ，Ｄ)，(Ｃ，Ｅ)，(Ｄ，Ｅ)の10 通りあるから，10 試合行われるとわかる。

⑷ **【解き方】ガソリンの量と走る道のりは比例する。**

$1\times\frac{300}{12}=25$(L)

⑸ **【解き方】基準との差の平均を求め，それを基準である 60 点に加えればよい。**

基準との差の平均は，(０＋30＋14＋６＋３)÷５＝10.6(点)だから，平均点は，60＋10.6＝70.6(点)

⑹ 最も小さい正方形の１辺の長さは，６と９の最小公倍数である 18 cm である。たてに 18÷６＝３(枚)，横に 18÷９＝２(枚)並べるから，タイルは３×２＝６(枚)必要である。

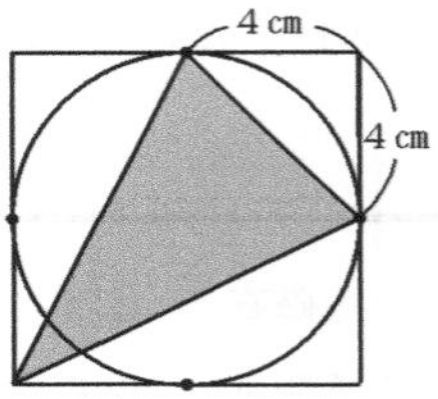

⑺ 円は正方形の各辺の真ん中と接する。したがって，正方形の面積から，等しい２辺が８÷２＝４(cm)の直角二等辺三角形１つと，底辺が８÷２＝４(cm)で高さが８cmの直角三角形２つの面積をひけばよい。よって，求める面積は，

８×８－４×４÷２－４×８÷２×２＝24(cm²)

⑻ **【解き方】最も短い結び方は，Ａから１つの辺の真ん中を通るように２つの面にそってＢと結ぶ結び方である。**

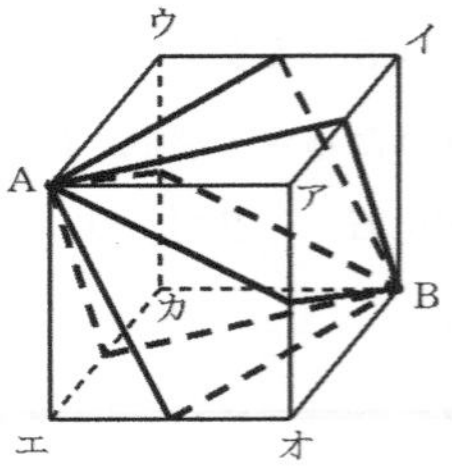

右図のように，記号をおく。辺ウカ，辺イウ，辺アイ，辺アオ，辺エオ，辺エカの真ん中を通るように，ＡとＢを結ぶ糸が最も短い。よって，６通りである。

3 ⑴ 直線を条件にあうように４本ひくと，右図のように，長方形は 11 個に分けられる。

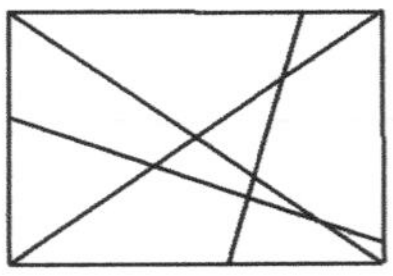

⑵ **【解き方】直線が０本のときは分けられないので，分けられる個数は１個と考え，直線の本数と分けられる個数をまとめると，右表のようになる。**

直線の本数(本)	0	1	2	3	4	…
分けられる個数(個)	1	2	4	7	11	…

表より，長方形を分けられる個数は，１本目から，直線を１本増やすごとに，２－１＝１(個)，４－２＝２(個)，７－４＝３(個)，11－７＝４(個)，…と増えている。

よって，５本目を引くとき，長方形の分割は４本目を引いた状態から５個増えるとわかる。

⑶ **【解き方】１からｎまでの連続する整数の和は，$\frac{n\times(n+1)}{2}$で求められることを利用する。**

⑵より，長方形を分けられる個数は，１本目が１＋１＝２(個)，２本目が１＋(１＋２)＝４(個)，３本目が１＋(１＋２＋３)＝７(個)，…となるので，18 本目は，{１＋(１＋２＋３＋…＋16＋17＋18)}個である。

１＋(１＋２＋３＋…＋16＋17＋18)を計算するのは時間もかかり計算ミスもしやすいので以下のように工夫する。

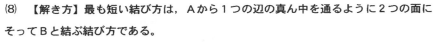

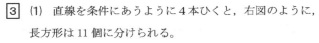

1から18までの連続する整数の列を2つ使って右のような筆算が書けるから，1から18までの連続する整数の和は，$\frac{19\times18}{2}=171$

$$\begin{array}{r} 1+2+3+\cdots\cdots+18 \\ +)\ \underline{18+17+16+\cdots\cdots+1} \\ 19+19+19+\cdots\cdots+19 \end{array}$$

よって，直線を18本引いたとき，長方形は1＋171＝172(個)に分けられる。

4　**【解き方】右グラフについて，アは一郎さんのみがA駅からB駅に向かっている，イは二郎さんがA駅からC駅に向かい一郎さんを追っている，ウは一郎さんがB駅で乗りかえの電車を待ち二郎さんがA駅からB駅に近づいている，エは一郎さんがB駅からC駅に向かい二郎さんが一郎さんを追っている，オは二郎さんが一郎さんに追いついた，カは二郎さんが一郎さんを追いぬいて前を進んでいる，キは二郎さんがC駅に着く，クは一郎さんがC駅に向かっていることを示す。**

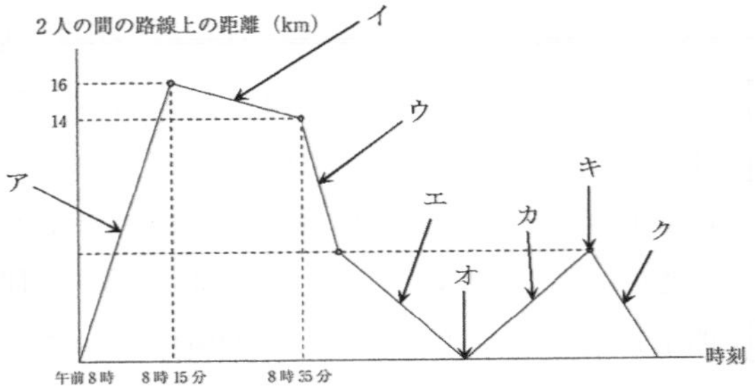

(1)　16 km進むのに，15分＝(15÷60)時間＝$\frac{1}{4}$時間かかったから，時速$(16\div\frac{1}{4})$ km＝時速64 km

(2)　イに注目すると，8時15分から8時35分の20分間＝(20÷60)時間＝$\frac{1}{3}$時間で2人の間の距離は16－14＝2(km)縮まっているから，二郎さんの乗った電車は一郎さんがA駅からB駅の間で乗った電車より，時速$(2\div\frac{1}{3})$ km＝時速6 km速い。よって，二郎さんの乗った電車の速さは，時速(64＋6) km＝時速70 km

(3)　二郎さんはA駅を8時15分に出発したから，A駅からC駅まで9時11分－8時15分＝56分＝$\frac{14}{15}$時間かかったことになる。よって，求める距離は，$70\times\frac{14}{15}=\frac{196}{3}=65\frac{1}{3}$(km)

(4)　一郎さんがB駅から電車に乗ったとき，2人の距離は，14 kmになったときから6分後＝$\frac{1}{10}$時間で，二郎さんがその間に時速70 kmで近づくから，$14-70\times\frac{1}{10}=7$(km)である。グラフから，キのときも7 kmとわかり，そのときの時刻が9時11分である。つまり，8時41分に二郎さんは一郎さんの7 km後ろにいて，9時11分に一郎さんが二郎さんの7 km後ろにいるから，9時11分－8時41分＝30分間＝$\frac{1}{2}$時間で二郎さんは一郎さんより7＋7＝14(km)多く進むことがわかる。求める速さは，二郎さんの乗った電車の速さより時速$(14\div\frac{1}{2})$ km＝時速28 km遅いから，時速(70－28) km＝時速42 km

(5)　キの地点からC駅までは，$7\div42=\frac{1}{6}$(時間)，つまり10分かかるから，求める時刻は，9時11分＋10分＝9時21分0秒

九州学院中学校【奨学生・専願生】

《国　語》

1 ①あんがい　②まじめ　③お　④こた　⑤どきょう　⑥治　⑦経済　⑧供給　⑨映　⑩垂

2 問題1．a．イ　b．エ　問題2．思いつくま～てくる発言　問題3．⑴口の重い人　⑵内容の組み立て
問題4．エ　問題5．⑴これを更に発展させようとする意欲をもってことばを受けとめる　⑵意志的行為
問題6．ウ　問題7．エ　問題8．異質　問題9．イ，オ

3 問題1．ア　問題2．悲しそうな顔やバツが悪そうな顔。　問題3．ひとりになりたい　問題4．ウ
問題5．親は無条件にわが子をかわいいと思うものだということ。　問題6．目　問題7．悲しむから。
問題8．いい子でいよう

《算　数》

1 ⑴79　⑵14.95　⑶6.4　⑷18　⑸318　⑹$\frac{1}{2}$

2 ⑴480　⑵1600　⑶5　⑷31　⑸72　⑹120　⑺24　⑻12

3 ⑴10，59，0　⑵0.85　⑶10，23，45

4 ⑴425.6　⑵13，18　⑶13.1

《理　科》

1 ⑴回路　⑵フィラメント　⑶かん電池と導線を直接つないで回路をつくらない。　⑷変わらない　⑸並列
⑹お

2 ⑴イ　⑵クレーター　⑶ア　⑷東　⑸ウ　⑹日食

3 ①骨　②筋肉　③関節　⑴X線　⑵イ　⑶イ，ウ

4 ⑴燃焼さじ　⑵B　⑶保護めがね〔別解〕安全めがね　⑷イ　⑸B，C　⑹二酸化炭素

《社　会》

1 1．イ　2．ユーラシア大陸　3．エ　4．伝統的　5．バスの車高が車イスの人も利用しやすいように低い。　6．⑴都道府県…愛知県　県庁所在地…名古屋市　⑵イ，ウ　7．⑴病院　⑵果樹園　8．⑴ア　⑵紀伊山地　9．持続可能　10．⑴ア，エ　⑵【1】北海道　【2】い草　【3】鹿児島県　⑶ア，イ
11．ボランティア　12．サウジアラビア　13．⑴イ　⑵18才　14．オ

2 1．⑴ア　⑵エ　⑶オ→ウ→ア→エ→イ　⑷ア　2．⑴織田信長　⑵A　⑶征夷大将軍　⑷武家諸法度に反したから。　⑸参勤交代で多くの費用を負担させ，大名の弱体化を図る目的で定められた。　3．⑴エ　⑵自由民権運動　⑶選挙権を与えられたのは税金を納める25才以上の男子で，全人口の1.1%であった。
4．⑴ウ　⑵小村寿太郎

1 (3) 右の筆算より，6.4

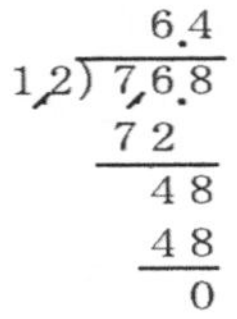

(4) 与式$=6\times3=18$

(5) 与式$=(210+1380)\div5=1590\div5=318$

(6) 与式$=\frac{25}{12}\div(2\frac{1}{2}\times1\frac{2}{3})=\frac{25}{12}\div(\frac{5}{2}\times\frac{5}{3})=\frac{25}{12}\div\frac{25}{6}=\frac{25}{12}\times\frac{6}{25}=\frac{1}{2}$

2 (1) 秒速8m＝分速(8×60)m＝分速480m

(2) **【解き方】今年の生徒数は昨年の生徒数の，$1+\frac{13}{100}=\frac{113}{100}$(倍)である。**

昨年の生徒数は，$1808\div\frac{113}{100}=1600$(人)

(3) 目の合計が6になる場合は，右の表より，5通りある。

2個のさいころの目の和

		小					
		1	2	3	4	5	6
大	1	2	3	4	5	6	7
	2	3	4	5	6	7	8
	3	4	5	6	7	8	9
	4	5	6	7	8	9	10
	5	6	7	8	9	10	11
	6	7	8	9	10	11	12

(4) **【解き方】7で割ると3余る数は7の倍数より$7-3=4$小さい数，5で割ると1余る数は5の倍数より$5-1=4$小さい数だから，7と5の最小公倍数より4小さい数を求める。**

7と5の最小公倍数は35だから，求める数は，$35-4=31$

(5) **【解き方】(平均点)×(テストの数)＝(合計点)を利用する。**

4教科の合計点数は$70.5\times4=282$(点)だから，算数の点数は，

$282-(64+78+68)=72$(点)

(6) **【解き方】組み立てると右図の三角柱ができる。**

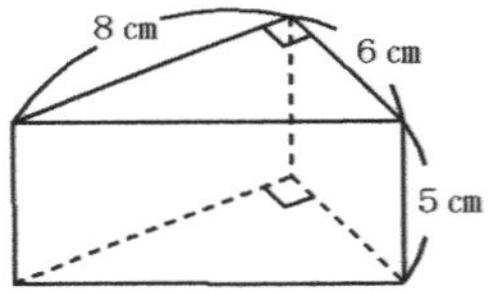

体積は，$(6\times8\div2)\times5=120$(cm³)

(7) **【解き方】右図のように記号をおく。三角形ACDと三角形BCDは，底辺をともにCDとみると高さが等しいから面積が等しい。**

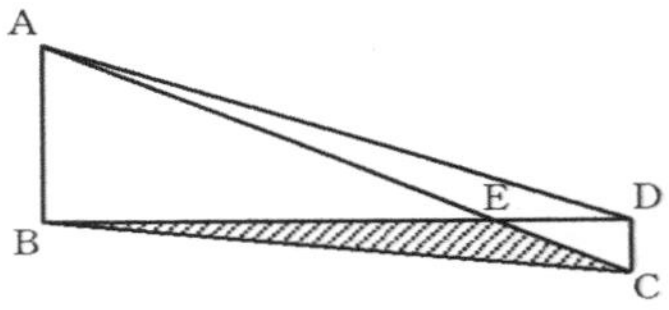

(三角形AEDの面積)＝(三角形ACDの面積)－(三角形ECDの面積)

(三角形BCEの面積)＝(三角形BCDの面積)－(三角形ECDの面積)

三角形ACDと三角形BCDの面積が等しいから，三角形AEDと三角形BCEの面積も等しい。

三角形AEDは，底辺をED＝4cmとみると高さはAB＝12cmだから，面積は，$4\times12\div2=24$(cm²)

よって，色のついた部分の面積は24cm²である。

(8) **【解き方】外側のご石を右図のように3等分して考えると，外側のご石の数は，1番目が$1\times3=3$(個)，2番目が$2\times3=6$(個)，3番目が$3\times3=9$(個)，…となる。**

□番目の外側のご石の数は，□×3で表すことができるから，外側のご石が36個になるのは，$36\div3=12$(番目)

3 (1) **【解き方】3人がG地点に着いた時刻は同じだから，一郎君がG地点に着いた時刻を求めればよい。**

一郎君がP地点からG地点までにかかった時間は，$6\div15=\frac{2}{5}$(時間)，つまり，$\frac{2}{5}\times60=24$(分)だから，求める時刻は，10時35分＋24分＝10時59分0秒

(2) **【解き方】三郎君はR地点を出発してからG地点に着くまで，10時59分－10時44分＝15分かかった。**

三郎君は時速3.4kmで15分$=\frac{1}{4}$時間歩いたから，求める距離は，$3.4\times\frac{1}{4}=0.85$(km)

(3) **【解き方】10時59分0秒から，二郎君がかかった時間を引けばよい。**

二郎君がQ地点からG地点までにかかった時間は，$2.35\div4=\frac{47}{80}$(時間)

$\frac{47}{80}$時間$=(\frac{47}{80}\times60)$分$=35\frac{1}{4}$分＝35分$(\frac{1}{4}\times60)$秒＝35分15秒

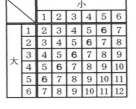

よって，二郎君がQ地点を出発した時刻は，10時59分0秒－35分15秒＝10時23分45秒

4 (1) 円柱部分の底面の半径は4÷2＝2(cm)だから，体積は，$2\times2\times3.14\times10=125.6$(cm³)

直方体部分の体積は，$4\times15\times5=300$(cm³)　　よって，求める体積は，$125.6+300=425.6$(cm³)

(2) (1)の体積の立体に毎分32cm³で水を入れるから，満杯になるまで，$425.6\div32=\frac{133}{10}=13\frac{3}{10}$(分)かかる。

$\frac{3}{10}$分は，$\frac{3}{10}\times60=18$(秒)だから，求める時間は13分18秒である。

(3) **【解き方】あと13分18秒－12分33秒＝45秒＝$\frac{45}{60}$分＝$\frac{3}{4}$分で満杯になるから，円柱部分に$32\times\frac{3}{4}=24$(cm³)の水を入れて増える水面の高さを考える。**

円柱部分の底面積は12.56cm²だから，24cm³の水を入れて増える水面の高さは，$\frac{24}{12.56}=\frac{300}{157}=1\frac{143}{157}$(cm)

よって，水面の高さは床から，$5+10-1\frac{143}{157}=13\frac{14}{157}=13.08\cdots$より，13.1cmとなる。

■ ご使用にあたってのお願い・ご注意

（1）問題文等の非掲載

著作権上の都合により，問題文や図表などの一部を掲載できない場合があります。

誠に申し訳ございませんが，ご了承くださいますようお願いいたします。

（2）過去問における時事性

過去問題集は，学習指導要領の改訂や社会状況の変化，新たな発見などにより，現在とは異なる表記や解説になっている場合があります。過去問の特性上，出題当時のままで出版していますので，あらかじめご了承ください。

（3）配点

学校等から配点が公表されている場合は，記載しています。公表されていない場合は，記載していません。

独自の予想配点は，出題者の意図と異なる場合があり，お客様が学習するうえで誤った判断をしてしまう恐れがあるため記載していません。

（4）無断複製等の禁止

購入された個人のお客様が，ご家庭でご自身またはご家族の学習のためにコピーをすることは可能ですが，それ以外の目的でコピー，スキャン，転載（ブログ，ＳＮＳなどでの公開を含みます）などをすることは法律により禁止されています。学校や学習塾などで，児童生徒のためにコピーをして使用することも法律により禁止されています。

ご不明な点や，違法な疑いのある行為を確認された場合は，弊社までご連絡ください。

（5）けがに注意

この問題集は針を外して使用します。針を外すときは，けがをしないように注意してください。また，表紙カバーや問題用紙の端で手指を傷つけないように十分注意してください。

（6）正誤

制作には万全を期しておりますが，万が一誤りなどがございましたら，弊社までご連絡ください。

なお，誤りが判明した場合は，弊社ウェブサイトの「ご購入者様のページ」に掲載しておりますので，そちらもご確認ください。

■ お問い合わせ

解答例，解説，印刷，製本など，問題集発行におけるすべての責任は弊社にあります。

ご不明な点がございましたら，弊社ウェブサイトの「お問い合わせ」フォームよりご連絡ください。迅速に対応いたしますが，営業日の都合で回答に数日を要する場合があります。

ご入力いただいたメールアドレス宛に自動返信メールをお送りしています。自動返信メールが届かない場合は，「よくある質問」の「メールの問い合わせに対し返信がありません。」の項目をご確認ください。

また弊社営業日（平日）は，午前９時から午後５時まで，電話でのお問い合わせも受け付けています。

2025 春

株式会社教英出版

〒422-8054　静岡県静岡市駿河区南安倍３丁目 12-28

TEL　054-288-2131　　FAX　054-288-2133

URL　https://kyoei-syuppan.net/

MAIL　siteform@kyoei-syuppan.net

神奈川県

①［県立］相模原中等教育学校
　　　　　平塚中等教育学校
②［市立］南高等学校附属中学校
③［市立］横浜サイエンスフロンティア高等学校附属中学校
④［市立］川崎高等学校附属中学校
✿⑤聖光学院中学校
✿⑥浅野中学校
⑦洗足学園中学校
⑧法政大学第二中学校
⑨逗子開成中学校（1次）
⑩逗子開成中学校（2·3次）
⑪神奈川大学附属中学校（第1回）
⑫神奈川大学附属中学校（第2·3回）
⑬栄光学園中学校
⑭フェリス女学院中学校

新潟県

①［県立］村上中等教育学校
　　　　　柏崎翔洋中等教育学校
　　　　　燕中等教育学校
　　　　　津南中等教育学校
　　　　　直江津中等教育学校
　　　　　佐渡中等教育学校
②［市立］高志中等教育学校
③新潟第一中学校
④新潟明訓中学校

石川県

①［県立］金沢錦丘中学校
②星稜中学校

福井県

①［県立］高志中学校

山梨県

①山梨英和中学校
②山梨学院中学校
③駿台甲府中学校

長野県

①［県立］屋代高等学校附属中学校
　　　　　諏訪清陵高等学校附属中学校
②［市立］長野中学校

岐阜県

①岐阜東中学校
②鶯谷中学校
③岐阜聖徳学園大学附属中学校

静岡県

①［国立］静岡大学教育学部附属中学校
　　　　　（静岡·島田·浜松）
②［県立］清水南高等学校中等部
　［県立］浜松西高等学校中等部
　［市立］沼津高等学校中等部
③不二聖心女子学院中学校
④日本大学三島中学校
⑤加藤学園暁秀中学校
⑥星陵中学校
⑦東海大学付属静岡翔洋高等学校中等部
⑧静岡サレジオ中学校
⑨静岡英和女学院中学校
⑩静岡雙葉中学校
⑪静岡聖光学院中学校
⑫静岡学園中学校
⑬静岡大成中学校
⑭城南静岡中学校
⑮静岡北中学校
⑯常葉大学附属常葉中学校
　常葉大学附属橘中学校
　常葉大学附属菊川中学校
⑰藤枝明誠中学校
⑱浜松開誠館中学校
⑲静岡県西遠女子学園中学校
⑳浜松日体中学校
㉑浜松学芸中学校

愛知県

①［国立］愛知教育大学附属名古屋中学校
②愛知淑徳中学校
③名古屋経済大学市邨中学校
　名古屋経済大学高蔵中学校
④金城学院中学校
⑤椙山女学園中学校
⑥東海中学校
⑦南山中学校男子部
⑧南山中学校女子部
⑨聖霊中学校
⑩滝中学校
⑪名古屋中学校
⑫大成中学校
⑬愛知中学校
⑭星城中学校
⑮名古屋葵大学中学校
　（名古屋女子大学中学校）
⑯愛知工業大学名電中学校
⑰海陽中等教育学校（特別給費生）
⑱海陽中等教育学校（I·II）
⑲中部大学春日丘中学校
新刊⑳名古屋国際中学校

三重県

①［国立］三重大学教育学部附属中学校
②暁中学校
③海星中学校
④四日市メリノール学院中学校
⑤高田中学校
⑥セントヨゼフ女子学園中学校
⑦三重中学校
⑧皇學館中学校
⑨鈴鹿中等教育学校
⑩津田学園中学校

滋賀県

①［国立］滋賀大学教育学部附属中学校
②［県立］河瀬中学校
　　　　　守山中学校
　　　　　水口東中学校

京都府

①［国立］京都教育大学附属桃山中学校
②［府立］洛北高等学校附属中学校
③［府立］園部高等学校附属中学校
④［府立］福知山高等学校附属中学校
⑤［府立］南陽高等学校附属中学校
⑥［市立］西京高等学校附属中学校
⑦同志社中学校
⑧洛星中学校
⑨洛南高等学校附属中学校
⑩立命館中学校
⑪同志社国際中学校
⑫同志社女子中学校（前期日程）
⑬同志社女子中学校（後期日程）

大阪府

①［国立］大阪教育大学附属天王寺中学校
②［国立］大阪教育大学附属平野中学校
③［国立］大阪教育大学附属池田中学校

④[府立]富田林中学校

⑤[府立]咲くやこの花中学校

⑥[府立]水都国際中学校

⑦清風中学校

⑧高槻中学校（A日程）

⑨高槻中学校（B日程）

⑩明星中学校

⑪大阪女学院中学校

⑫大谷中学校

⑬四天王寺中学校

⑭帝塚山学院中学校

⑮大阪国際中学校

⑯大阪桐蔭中学校

⑰開明中学校

⑱関西大学第一中学校

⑲近畿大学附属中学校

⑳金蘭千里中学校

㉑金光八尾中学校

㉒清風南海中学校

㉓帝塚山学院泉ヶ丘中学校

㉔同志社香里中学校

㉕初芝立命館中学校

㉖関西大学中等部

㉗大阪星光学院中学校

兵庫県

①[国立]神戸大学附属中等教育学校

②[県立]兵庫県立大学附属中学校

③雲雀丘学園中学校

④関西学院中学部

⑤神戸女学院中学部

⑥甲陽学院中学校

⑦甲南中学校

⑧甲南女子中学校

⑨灘中学校

⑩親和中学校

⑪神戸海星女子学院中学校

⑫滝川中学校

⑬啓明学院中学校

⑭三田学園中学校

⑮淳心学院中学校

⑯仁川学院中学校

⑰六甲学院中学校

⑱須磨学園中学校(第1回入試)

⑲須磨学園中学校(第2回入試)

⑳須磨学園中学校(第3回入試)

㉑白陵中学校

㉒夙川中学校

奈良県

①[国立]奈良女子大学附属中等教育学校

②[国立]奈良教育大学附属中学校

③[県立] 国際中学校
青翔中学校

④[市立]一条高等学校附属中学校

⑤帝塚山中学校

⑥東大寺学園中学校

⑦奈良学園中学校

⑧西大和学園中学校

和歌山県

①[県立] 古佐田丘中学校
向陽中学校
桐蔭中学校
日高高等学校附属中学校
田辺中学校

②智辯学園和歌山中学校

③近畿大学附属和歌山中学校

④開智中学校

岡山県

①[県立]岡山操山中学校

②[県立]倉敷天城中学校

③[県立]岡山大安寺中等教育学校

④[県立]津山中学校

⑤岡山中学校

⑥清心中学校

⑦岡山白陵中学校

⑧金光学園中学校

⑨就実中学校

⑩岡山理科大学附属中学校

⑪山陽学園中学校

広島県

①[国立]広島大学附属中学校

②[国立]広島大学附属福山中学校

③[県立]広島中学校

④[県立]三次中学校

⑤[県立]広島叡智学園中学校

⑥[市立]広島中等教育学校

⑦[市立]福山中学校

⑧広島学院中学校

⑨広島女学院中学校

⑩修道中学校

⑪崇徳中学校

⑫比治山女子中学校

⑬福山暁の星女子中学校

⑭安田女子中学校

⑮広島なぎさ中学校

⑯広島城北中学校

⑰近畿大学附属広島中学校福山校

⑱盈進中学校

⑲如水館中学校

⑳ノートルダム清心中学校

㉑銀河学院中学校

㉒近畿大学附属広島中学校東広島校

㉓AICJ中学校

㉔広島国際学院中学校

㉕広島修道大学ひろしま協創中学校

山口県

①[県立] 下関中等教育学校
高森みどり中学校

②野田学園中学校

徳島県

①[県立] 富岡東中学校
川島中学校
城ノ内中等教育学校

②徳島文理中学校

香川県

①大手前丸亀中学校

②香川誠陵中学校

愛媛県

①[県立] 今治東中等教育学校
松山西中等教育学校

②愛光中学校

③済美平成中等教育学校

④新田青雲中等教育学校

高知県

①[県立] 安芸中学校
高知国際中学校
中村中学校

福岡県

①［国立］福岡教育大学附属中学校（福岡・小倉・久留米）
②［県立］
- 育徳館中学校
- 門司学園中学校
- 宗像中学校
- 嘉穂高等学校附属中学校
- 輝翔館中等教育学校

③西南学院中学校
④上智福岡中学校
⑤福岡女学院中学校
⑥福岡雙葉中学校
⑦照曜館中学校
⑧筑紫女学園中学校
⑨敬愛中学校
⑩久留米大学附設中学校
⑪飯塚日新館中学校
⑫明治学園中学校
⑬小倉日新館中学校
⑭久留米信愛中学校
⑮中村学園女子中学校
⑯福岡大学附属大濠中学校
⑰筑陽学園中学校
⑱九州国際大学付属中学校
⑲博多女子中学校
⑳東福岡自彊館中学校
㉑八女学院中学校

佐賀県

①［県立］
- 香楠中学校
- 致遠館中学校
- 唐津東中学校
- 武雄青陵中学校

②弘学館中学校
③東明館中学校
④佐賀清和中学校
⑤成穎中学校
⑥早稲田佐賀中学校

長崎県

①［県立］
- 長崎東中学校
- 佐世保北中学校
- 諫早高等学校附属中学校

②青雲中学校
③長崎南山中学校
④長崎日本大学中学校
⑤海星中学校

熊本県

①［県立］
- 玉名高等学校附属中学校
- 宇土中学校
- 八代中学校

②真和中学校
③九州学院中学校
④ルーテル学院中学校
⑤熊本信愛女学院中学校
⑥熊本マリスト学園中学校
⑦熊本学園大学付属中学校

大分県

①［県立］大分豊府中学校
②岩田中学校

宮崎県

①［県立］五ヶ瀬中等教育学校
②［県立］
- 宮崎西高等学校附属中学校
- 都城泉ヶ丘高等学校附属中学校

③宮崎日本大学中学校
④日向学院中学校
⑤宮崎第一中学校

鹿児島県

①［県立］楠隼中学校
②［市立］鹿児島玉龍中学校
③鹿児島修学館中学校
④ラ・サール中学校
⑤志學館中等部

沖縄県

①［県立］
- 与勝緑が丘中学校
- 開邦中学校
- 球陽中学校
- 名護高等学校附属桜中学校

もっと過去問シリーズ

北海道

北嶺中学校
7年分（算数・理科・社会）

静岡県

静岡大学教育学部附属中学校
（静岡・島田・浜松）
10年分（算数）

愛知県

愛知淑徳中学校
7年分（算数・理科・社会）
東海中学校
7年分（算数・理科・社会）
南山中学校男子部
7年分（算数・理科・社会）
南山中学校女子部
7年分（算数・理科・社会）
滝中学校
7年分（算数・理科・社会）
名古屋中学校
7年分（算数・理科・社会）

岡山県

岡山白陵中学校
7年分（算数・理科）

広島県

広島大学附属中学校
7年分（算数・理科・社会）
広島大学附属福山中学校
7年分（算数・理科・社会）
広島学院中学校
7年分（算数・理科・社会）
広島女学院中学校
7年分（算数・理科・社会）
修道中学校
7年分（算数・理科・社会）
ノートルダム清心中学校
7年分（算数・理科・社会）

愛媛県

愛光中学校
7年分（算数・理科・社会）

福岡県

福岡教育大学附属中学校
（福岡・小倉・久留米）
7年分（算数・理科・社会）
西南学院中学校
7年分（算数・理科・社会）
久留米大学附設中学校
7年分（算数・理科・社会）
福岡大学附属大濠中学校
7年分（算数・理科・社会）

佐賀県

早稲田佐賀中学校
7年分（算数・理科・社会）

長崎県

青雲中学校
7年分（算数・理科・社会）

鹿児島県

ラ・サール中学校
7年分（算数・理科・社会）

※もっと過去問シリーズは国語の収録はありません。

教英出版
〒422-8054
静岡県静岡市駿河区南安倍3丁目12−28
TEL 054-288-2131
FAX 054-288-2133
詳しくは教英出版で検索
教英出版　検索
URL https://kyoei-syuppan.net/

令和６年度

九州学院中学校　奨学生・専願生入学試験問題

国　　語

（注意：解答はすべて解答用紙に書きなさい。）

（45分）

2024(R6) 九州学院中
教英出版

1 次の――線部の漢字はひらがなに、かたかなは漢字に改めなさい。

① 文化を伝承する。
② 人工衛星を打ち上げる。
③ 勇気を奮う。
④ 人生の節目を迎える。
⑤ 土地を肥やす。
⑥ 出発日をノばす。
⑦ 太平洋をコウカイする。
⑧ ジッセキを上げる。
⑨ 準備のカテイを楽しむ。
⑩ 国家をキズく。

2 次の文章を読んで、あとの問いに答えなさい。（ただし、**字数制限のある設問は、句読点、符号、記号も字数に含むものとします。**）

(注)環境倫理というと、「(1)原始に帰れ」という主張がイメージされるかもしれません。確かにそのような主張をする人もいます。科学技術のもたらした(注)負《ふ》の側面が環境問題であり、科学技術に頼らずに自然に寄り添った暮らしをすることが必要だ、という主張です。

A その一方で、今の環境問題を解決するには科学技術の力が必要不可欠だ、と考える人も大勢います。環境問題は科学技術の力によって判明したものが多いからです。B オゾン層がフロンガスによって破壊《かい》されているという事実は、科学技術なしには判明しなかったでしょう。(2)その見方からすると、科学技術を否定するのではなく、それを適切な方向に導いていくことが大切だということになります。

では、科学技術をどういう方向へと導いていけばよいのでしょうか。河宮信郎《かわみやのぶお》『必然の選択』という本には、その(a)ヒントになる考えがいくつか書かれています。

その一つが、「能率」と「効率」の区別です。「能率」は「時間当たりの仕事量」を意味します。それに対して「効率」は、「資源当たりの仕事量」を指します。能率がよいというのは、一定 C 内にたくさんの仕事をこなした、ということです。そして効率がよいというのは、わずかな D でたくさんの仕事ができた、ということを指します。

この二つの違いはとても重要です。そして、この二つはときに(注)反比例《はんぴれい》の関係にあります。みなさんは「回覧板」というものをご存じでしょうか。最近はあまり見ませんが、町内会などで、各家庭に回し読みされるものです。これだと町内の人全員が読み終わるまでに時間がかかります。したがって能率は非常に悪いといえます。しかし、一つの情報を一枚の紙に書いて回し読みするわけですから、全員のポストにコピーを投函《とうかん》するよりも、紙資源が節約できます。したがってとても効率がよいやり方です。

ここから分かるのは、［Ⅰ］を追求すると［Ⅱ］が悪くなる、ということです。逆に時間の節約を目指すと資源をたくさん使うことになりがちです。［Ⅲ］を追求すると［Ⅳ］が悪くなるわけです。

すべてがそうとは限りませんが、これまでの科学技術は、効率を犠牲《ぎせい》にして能率を追求する(注)傾向《けいこう》がありました。たとえば③新幹線は、遠隔《えんかく》地への移動時間を格段に短縮しましたが、そのために多大なエネルギーを使っています。このようなスピードの追求、能率の追求は、悪いことではありませんが、そのためにエネルギーの(b)消費が増えるのでは問題があります。

最近では、省エネ家電のように、少ない電力でたくさんの仕事をする家電製品が増えてきました。ここでは④効率をよくするための技術開発が行われたわけです。

すべての技術開発を悪者にするのはおかしな話ですが、エネルギー浪費《ろうひ》型でスピードを追求する方向に進むのであれば、その傾向は環境倫理の観点からは批判の対象になるでしょう。逆に、技術開発によって資源消費が少なくて済むようになるのであれば、環境倫理の観点からは推奨《すいしょう》されるべき流れといえます。

（吉永明弘『はじめて学ぶ環境倫理　未来のために「しくみ」を問う』ちくまプリマー新書による。）

（注）○環境倫理＝この文章では、環境問題に対して自分がどのようなことができるか、ということ。
○負の側面＝よくない面。
○反比例＝一つの量が増えるにつれて、ほかの量が同じだけ減ること。あるいは、一つの量が減るにつれて、ほかの量が同じだけ増えること。
○傾向＝ある特定の方向にかたむくこと。

問題1 〰〰線部ⓐ「ヒント」と似た意味を持つ言葉としてふさわしくないものを次のア～エの中から一つ選び、記号で答えなさい。

ア 手がかり　イ 糸口　ウ 決め手　エ 鍵《かぎ》

問題2 〰〰線部ⓑ「消費」の反対の意味を持つ言葉としてふさわしいものを次のア～エの中から一つ選び、記号で答えなさい。

ア 創造　イ 生産　ウ 工作　エ 提供

問題3 ――線部①「原始に帰れ」とありますが、これはどのような主張ですか。その内容を文章中から五十字以上五十五字以内でぬき出し、最初と最後の五字を答えなさい。

問題4 [A]、[B]に当てはまる言葉としてふさわしいものを次のア～オの中からそれぞれ一つ選び、記号で答えなさい。

ア つまり　イ しかし　ウ または　エ したがって　オ たとえば

問題5 ――線部②「その見方」とは、どのような見方ですか。文章中の言葉を使って、二十五字以上三十字以内で答えなさい。

問題6 [C]、[D]に当てはまる言葉としてふさわしいものを文章中からそれぞれ二字でぬき出して答えなさい。

問題7 [Ⅰ]～[Ⅳ]に当てはまる言葉の組み合わせとして最もふさわしいものを次のア～エの中から選び、記号で答えなさい。

	Ⅰ	Ⅱ	Ⅲ	Ⅳ
ア	効率	能率	効率	能率
イ	効率	能率	能率	効率
ウ	能率	効率	能率	効率
エ	能率	効率	効率	能率

問題８　――線部③「新幹線」における「資源」とは何ですか。文章中からぬき出して答えなさい。

問題９　――線部④「効率をよくするための技術開発」とは、ここではどのようなものですか。文章中から十五字以上二十字以内でぬき出して答えなさい。

問題10　文章中で筆者が述べている内容として、ふさわしいものを次のア～エの中から一つ選び、記号で答えなさい。

ア　環境問題は科学技術によって引き起こされたものだという考え方は、科学技術を否定的にとらえた誤《あやま》った考え方であり、環境問題の解決には科学技術が用いられた例もある。

イ　これからの科学技術は、時間を節約するという考え方をやめ、時間がかかってもできるかぎり資源を節約していく方向に導かれていくべきである。

ウ　回覧板と新幹線の例は、どちらも時間や労力を消費せずに目的を達成できる、能率のよいものの例として挙げられている。

エ　これまでの科学技術は能率を重視しすぎたために環境資源を犠牲にしてきたが、科学技術は資源を節約するためにも活用することができる。

３　小学生の宮野《みやの》あかりは、おばあちゃんが病気の(注)後遺症《こういしょう》によって体が思うように動かず、感情をコントロールすることが難しくなってしまったので、あかりの家族といっしょに住むことになった。しかし、ともに生活を送る中で、あかりはおばあちゃんの態度にイライラすることが増えていった。次の文章は、おばあちゃんともめた次の日の場面である。読んで、あとの問いに答えなさい。（ただし、**字数制限のある設問は、句読点、符号、記号も字数に含むもの**とします。）

教室の入り口をくぐると、うしろからすぐに藤井《ふじい》が入ってきた。

「あ、きのうはどうも」

藤井があごをチョン、とつきだすようにいった。

いきなり(注)地味蔵《じみぞう》としゃべっていたら、絶対ヘンに思われる。

思わず藤井から A をそらしてしまった。

「あ、みんなおはよー」

そしてそのまま(注)美奈《みな》たちのところへ急いだ。

「ねえねえ、あかりのおばあちゃん、大変なんだって？脳こうそくっていう病気だったんでしょ？」

「え……なんで……？」

「この前スーパーで、うちのママがあかりのママに会って聞いたんだって」

「そ、そうなんだ」

「もう歩けない……んだよね？」

「えっ、違《ちが》うよ。手すりとか杖《つえ》があれば歩けるよ」

思わずむきになった。

「うちのママ、①介護《かいご》のお仕事しているからわかるんだって。一度車いすに慣れちゃうと……なかなか難しいって」

「……そんなのわかんないじゃん！まだ、こっちの生活に慣れてないから使っているだけだし……」

②わっ、またいってしまった。

美奈の顔が険しくなったところでチャイムが鳴った。

席につくと、汗がふきだしてきた。

わたし、おばあちゃんにイライラしていたのに。どうしておばあちゃんのことをいわれると、カッとなっちゃうんだろう。

いつもは休み時間になると、みんなで美奈の机に集まる。だけど今日はなんだか気まずくて、教室を出てきてしまった。

トイレにいっても気分がすっきりしないから、思いきって外に出ることにした。靴《くつ》をはきかえようとすると、昇降口《しょうこうぐち》から藤井が出ていくのが見えた。

――そういえば今朝、藤井を無視しちゃったんだっけ。

A が勝手に藤井の背中を追う。藤井はグラウンドからもどってきた下級生の小さい男の子たちに、「あ、そーたくんだ！」と取り囲まれた。

「そーたくん、どこいくのー？」

「(注)チャボ小屋だよー」

そっか。藤井、飼育委員だったっけ。

藤井は小さい男の子たちに、「バイバーイ」と手をふられると、にこにこ手をふって校舎とグラウンドの間にあるチャボ小屋の中へ入っていった。

なぜか後を追いかけて小屋のすぐそばまでいったけど、藤井はわたしに気づかずに、「チャーボー、夏休み、元気だった？」と白いチャボに話しかけながら掃除《そうじ》をはじめた。

チャーボー？チャボに名前なんてついていたかな？

首をかしげていると、藤井がわたしに気づいてビクッとした。

「み、宮野。なんでいるの」

「あ、えっと……」

教室にいづらかったから、なーんていえないし。

「あ、あの。きのうは、クリームパン、ありがとう」

今度は目を見て、ちゃんといえた。

「おばあちゃん、(注)あれでよかった？」

藤井がにこっとして聞いてくる。

③<u>朝、無視しちゃったのに普通に話してくれるんだ。</u>

胸の中がじんわりしてくる。

「うん。すごくおいしいって、バクバク食べてた」

「ハハッ。そう」

藤井は安心したようにうなずいた。

「B」

「えっ、なんで?宮野、図書委員でしょ」

「C」

わたしがほうきを手にとると、白いチャボと茶色の小さいチャボが二羽、赤い頭をふりながら「ココッココッ」と鳴いて小屋の奥《おく》に逃《に》げていった。

「D」

「うん。みんなは掃除、いやがるからな〜。くさいとか汚いとかいって」

「E」

「めんどくさいけど、チャーボーたち、あ、チャボが待っている気がしちゃってさ。掃除すると、なんか気分もすっきりするし」

藤井は、メガネをくいっと上げた。

「そうだ、山下のおばさん、今日もクリームパンを焼いてくれるはず……」

「い、いこうかな、あ、でも……」

おばあちゃんが〈すみれ園〉から帰ってくるまでに、家にいなきゃならない。

おばあちゃんのこと、どこまでいっていいんだろう。

藤井も、うちのおばあちゃんの話なんて……別に聞きたくないよね。

チャーボーが藤井にすり寄った。

「よしよし、おなかがすいているんだな」

チャボたちに、ニコニコしながらエサをあげている藤井を見ていると、④ふっと気もちがゆるんだ。

「うちのおばあちゃん……脳こうそく、っていう病気になって(注)麻痺《まひ》が残ってしまったの。だから、親が帰ってくるまでわたしがいっしょに留守番しないといけなくて……」

「えっ、そうだったの?」

「車いすに乗ってるから、いっしょに出かけたりできないんだ……」

藤井は少しだまったあと、口を開いた。
「……うちのばあちゃんも、車いすに乗ってたよ」
「えっ」
「ばあちゃんがたおれたあと、じいちゃんだけじゃ大変だから、おれたちもあの家に引《ひ》っ越《こ》してきたんだ。でも……去年またたおれちゃって、今度は……ダメだった」
「そ、そうだったんだ……」
胸が苦しくなって、何かいおうと思っても言葉が出てこない。
「おれもじいちゃんも、車いす、慣れてるから。いつかいっしょにきたら？」
藤井がボソッといった。
「あ、ありがとう」
うちだけじゃ……なかったんだ。
⑤わたしだけじゃ、なかった。
チャボ小屋に少し涼《すず》しくなった風が吹《ふ》いた。

（高田由紀子『ビター・ステップ』ポプラ社による。一部省略がある。）

（注）○後遺症＝ある病気・けがが治っても、そのあとまで影響《えいきょう》が残る、その症状《しょうじょう》。
○地味蔵＝あかりの同級生の藤井のこと。
○美奈たち＝あかりの同級生で、いつもいっしょにいるグループを指している。あかりは普段から、美奈に対して思っていることを素直にいえないでいる。
○チャボ小屋＝チャボという品種のニワトリを飼っている小屋のこと。
○あれ＝昨日、あかりがおばあちゃんに頼《たの》まれて、藤井のおじいちゃんが経営している店にクリームパンを買いに行き、頼まれたクリームパンはなかったが、代わりに「山下さん」が作ったクリームパンを藤井のおじいちゃんからもらっていた。
○麻痺＝しびれて感覚がなくなること。

問題1 A に共通して入る言葉を、文章中から漢字一字でぬき出して答えなさい。

問題2 ――線部①「介護のお仕事しているからわかるんだって」とありますが、「美奈」の母親はどのようなことがわかるといっているのですか。文章中の言葉を使って、二十五字以上三十字以内で答えなさい。

問題3 ――線部②「わっ、またいってしまった」とありますが、このときの「わたし」の気持ちとしてふさわしいものを次のア～エの中から一つ選び、記号で答えなさい。

ア 悲しみ　イ さびしさ　ウ 怒《いか》り　エ 後悔《こうかい》

問題4 ――線部③「朝、無視しちゃったのに」とありますが、なぜ今朝「あかり」は「藤井」を無視したのですか。文章中の言葉を使って、十五字以上二十字以内で答えなさい。

問題5 B ～ E に当てはまる会話文を次のア～エの中からそれぞれ一つ選び、記号で答えなさい。

ア 藤井はいやじゃないの？
イ いいからいいから
ウ そ……掃除、手伝おうか？
エ 藤井、いつも一人で掃除やっているの？

問題6 ――線部④「ふっと気もちがゆるんだ」とありますが、どのような「気もち」が「ゆるんだ」と考えられますか。その気持ちとしてふさわしいものを次のア～エの中から一つ選び、記号で答えなさい。

ア おばあちゃんの話をどこまでしていいのか分からず、また藤井が聞きたがらないようにも思えて、黙《だま》っておこうとする気持ち。
イ 今日店に行けないことの言い訳だと思われたくないため、おばあちゃんの話を藤井にするのはやめておこうとする気持ち。

ウ　藤井がおばあちゃんの話をよくしているので、もしかするとおばあちゃんの話を聞いてくれるかもしれないと思う気持ち。

エ　チャボたちや下級生たちに優しく接している姿を見て、藤井ならおばあちゃんの話を聞いてくれるかもしれないと思う気持ち。

問題7　――線部⑤「わたしだけじゃ、なかった」とありますが、このときの「わたし」の気持ちの説明としてふさわしいものを次のア～エの中から一つ選び、記号で答えなさい。

ア　友達に藤井と話しているところを見られたくないと思っていたが、自分たちの藤井へのイメージが間違《まちが》っていたとわかり、申し訳なく思っている。

イ　友達におばあちゃんのことを悪くいわれているのを聞いていた藤井が、わたしを励《はげ》まそうとしていることに気づき、嬉《うれ》しく思っている。

ウ　友達におばあちゃんのことを分かってもらえず腹立たしく思っていたが、悩《なや》んでいるのは自分だけじゃなかったと知り、恥《は》ずかしくなっている。

エ　友達におばあちゃんについての悩みを打ち明けることができずにいたが、同じような状況《じょうきょう》を抱《かか》えていた藤井と話したことで、気持ちが楽になっている。

問題8　文章中からわかる「藤井」の人物像としてふさわしいものを次のア～エの中から一つ選び、記号で答えなさい。

ア　同級生からは意地悪で話しかけたくない人だと思われているが、動物にだけは優しく接する人物。

イ　とても親切でまじめな性格のため、人から頼まれたことはどうしても断ることができない人物。

ウ　同級生から大人しくて目立たないと思われているが、実際は相手に寄り添《そ》うことのできる人物。

エ　いろいろな人の経験をもとに、周りの人に積極的にアドバイスをし、下級生からしたわれる人物。

令和６年度

九州学院中学校　奨学生・専願生入学試験問題

算　　数

（注意：解答はすべて解答用紙に書きなさい。）

（45分）

1 次の計算をしなさい。

(1) $114-89$

(2) $56 \div 14 \times 2$

(3) $9.3 \div 1.24$

(4) $\frac{5}{6}-\frac{1}{3}$

(5) $(41-7 \times 5) \times 17$

(6) $1\frac{7}{15} \div \left\{3\frac{1}{3} \times \left(2-\frac{3}{5}\right)\right\}$

2　次の各問いに答えなさい。

(1)　時速 21km は分速何mか求めなさい。

(2)　原価 210 円の商品に、3 割の利益をみこんで定価をつけた。定価を求めなさい。

(3)　3で割ると1余り、4で割ると3余る整数のうち、2けたで最小のものを求めなさい。

(4)　32 チームでトーナメント戦を行う。あるチームが優勝するには何回勝たないといけないか求めなさい。ただし、全チーム 1 回戦から行うものとする。

(5)　男子 18 人、女子 20 人のクラスで算数のテストを行った。男子の平均点が 65 点、女子の平均点が 62 点のとき、クラスの平均点を求めなさい。ただし、小数第 2 位を四捨五入して小数第 1 位まで求めなさい。

(6)　ある仕事を終えるのに、太郎さんは 8 時間、花子さんは 7 時間かかる。この仕事を太郎さんが 1 人で 3 時間だけ行い、残りを太郎さんと花子さんの 2 人で行ったとき、2 人が一緒に仕事を行った時間を求めなさい。

(7)　右の図のような面積が 360 cm²の長方形 ABCD がある。点Pは対角線 AC 上、点Hは辺 BC 上にあり、PH と BC は垂直に交わる。BH と HC の長さの比が 2：1 のとき、三角形 PAD の面積を求めなさい。

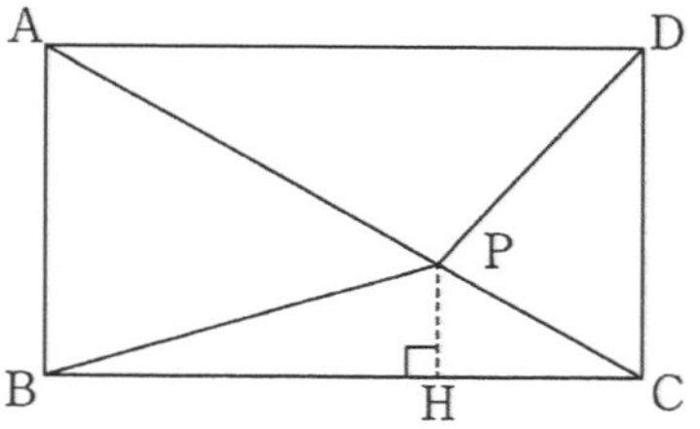

(8)　下の展開図を組み立ててできる直方体の体積を求めなさい。

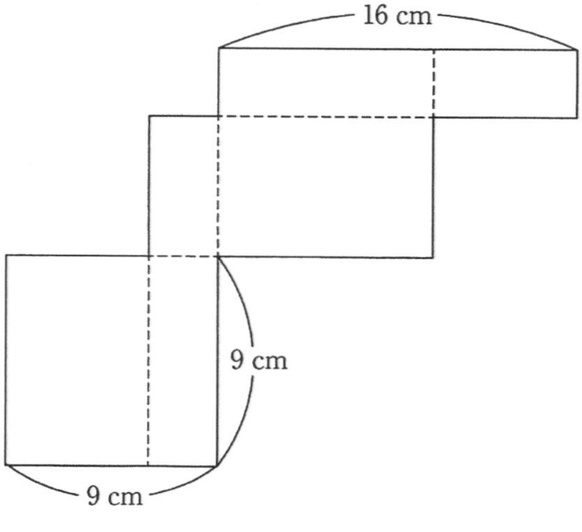

3 Aさん、Bさん、Cさんの3人が運動場のトラックを同じ位置から同時に出発し、Aさんは反時計回りに、BさんとCさんは時計回りにそれぞれ一周歩く。AさんとCさんが出会って5分後にAさんとBさんが出会う。Aさんは分速30 m、Bさんは分速40 m、Cさんは分速60 mで歩く。このとき、次の各問いに答えなさい。

(1) AさんとCさんが出会ったときのAさんとBさんの間の道のりを求めなさい。

(2) AさんとCさんが出会うのは、出発して何分何秒後か求めなさい。

(3) トラックの1周は何mか求めなさい。

4 1辺の長さが3 cm、6 cmの2つの正三角形と1辺の長さが6 cmの正六角形がある。小さい正三角形は、大きい正三角形と正六角形の辺上を図1や図3の状態からすべらずに回転する。このとき、次の各問いに答えなさい。ただし、円周率は3.14とする。

(1) 図2のように、小さい正三角形が大きい正三角形の頂点を越えるとき、点Aはその頂点を中心に何度回転したか求めなさい。

(2) 小さい正三角形が大きい正三角形の辺上を元の位置に戻るまで回転するとき、小さい正三角形が通ってできる図形の外周の長さを求めなさい。

(3) 図3のように小さい正三角形が正六角形の辺上を元の位置に戻るまで回転するとき、小さい正三角形が通ってできる図形の外周の長さと (2) の外周の長さの差を求めなさい。

図1

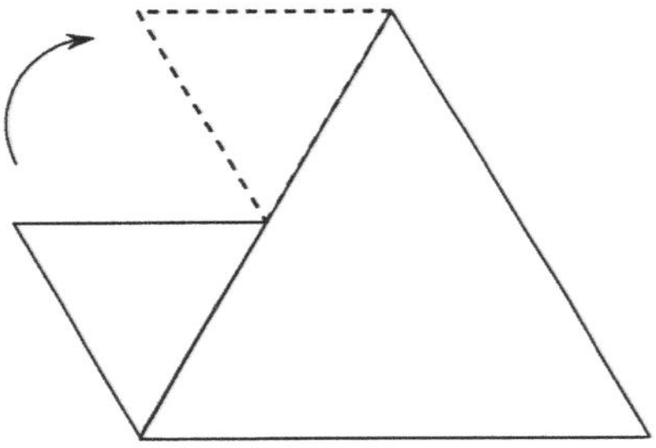

図2

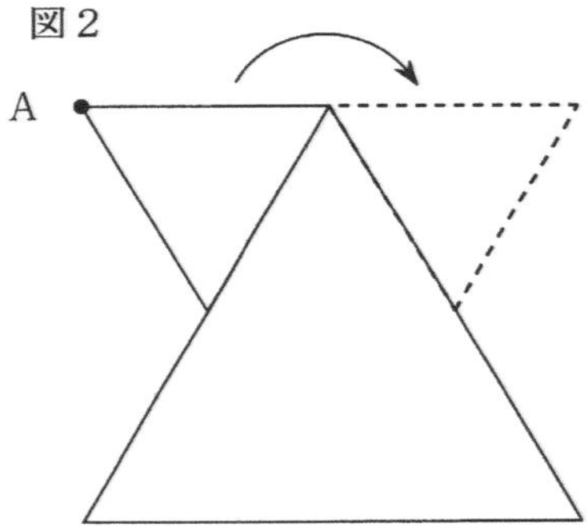

図3

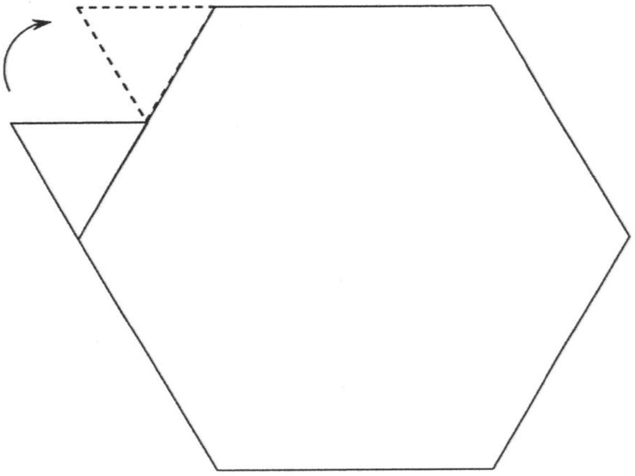

令和６年度

九州学院中学校　奨学生・専願生入学試験問題

理　　科

（注意：解答はすべて解答用紙に書きなさい。）

（30分）

1　次の各問いに答えなさい。

下の図は、実験用てこのモデル図を表しています。実験用てこと、おもりを使って実験をおこないました。次の各問いに答えなさい。ただし、実験用てこの目もりの間かくは等しくなっています。

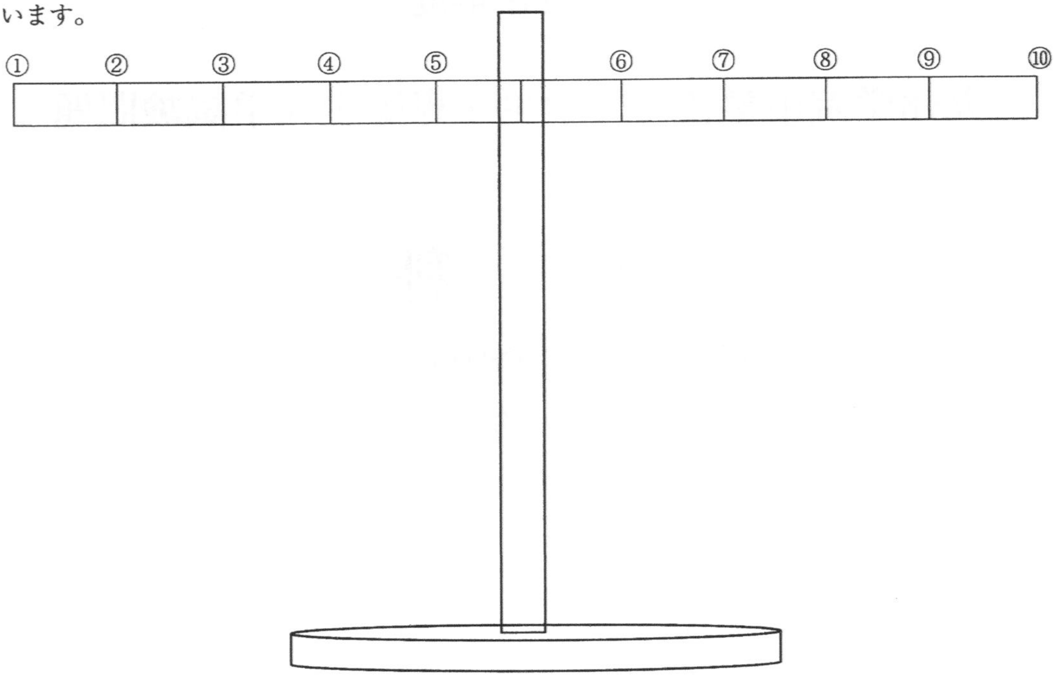

(1)　②の位置に10gのおもりを2個つるしました。実験用てこを水平に保つためには⑦の位置につるす10gのおもりの数は何個ですか。

(2)　④の位置に10gのおもりを3個つるしました。実験用てこを水平に保つために⑩の位置を指で支えました。このとき、指で支えた力の大きさは、何gの重さと同じになりますか。

(3)　(2)の指で支えた点を何といいますか。

(4)　①の位置に10gのおもりを2個、④の位置に20gのおもりを2個つるしました。実験用てこを水平に保つためには、60gのおもりをどの位置につるせばいいですか。目もりの番号で答えなさい。

(5)　③の位置に10gのおもりを3個、④の位置に40gのおもりを1個、⑨の位置に25gのおもりを1個つるしました。実験用てこを水平に保つためには、⑩の位置に何gのおもりを1個つるせばよいですか。

(6)　支点の位置が、実験用てこと同じ位置にある道具を次の**ア～エ**から1つ選び、記号で答えなさい。

ア　ペンチ　　**イ**　トング　　**ウ**　ピンセット　　**エ**　せんぬき

2 うすい塩酸、石灰水、食塩水、アンモニア水、炭酸水のそれぞれの水よう液を蒸発皿に少量とって熱し、何か残るか調べ、実験の結果を表にまとめました。次の各問いに答えなさい。

水よう液	A	B	C	D	E
見た目	とうめいで色はついていない。	とうめいで色はついていない。あわが出ていた。	とうめいで色はついていない。	とうめいで色はついていない。	とうめいで色はついていない。
におい	においはしなかった。	においはしなかった。	つんとしたにおいがした。	においはしなかった。(熱したときににおいがした。)	においはしなかった。
熱した後	白い固体が残った。	何も残らなかった。	何も残らなかった。	何も残らなかった。	白い固体が残った。

(1) 蒸発皿に薬品を少量とるとき、こまごめピペットを使いました。こまごめピペットの使い方としてまちがっているものを、次の**ア**～**エ**から1つ選び、記号で答えなさい。

ア ゴム球をおしつぶしてから、ピペットの先を液体の中に入れる。

イ ゴム球をそっとはなしながら、液体をゆっくり吸い上げる。

ウ 使ったあとは、水であらって乾そうさせる。

エ 吸い上げた液体がこぼれないように、ピペットの先を上にむけておく。

(2) 水よう液Bから出てきたあわを、水よう液Eに通すと白くにごりました。水よう液Eは何か答えなさい。

(3) 水よう液Cを、リトマス紙を使って調べました。実験の結果として正しいものを2つ選び、記号で答えなさい。

ア 青色リトマス紙は変化しなかった。　**イ** 赤色リトマス紙は変化しなかった。

ウ 青色リトマス紙が赤色に変化した。　**エ** 赤色リトマス紙が青色に変化した。

(4) 水よう液Dにアルミニウムはくを入れると、アルミニウムはくはあわを出してとけました。また、別に用意した水よう液Dに鉄を入れると表面からあわが出ました。このことから、水よう液Dにとけているものは何ですか。漢字4文字で答えなさい。

(5) 水よう液DにBTB溶液を入れると何色になりますか。

(6) 水よう液Eにムラサキキャベツ液を入れると、何色になりますか。

3　アサガオの観察を通して、植物のなかまの増やし方を調べました。次の各問いに答えなさい。ただし、図２ではどちらもピンセットでおしべをとった後、ふくろをかけています。

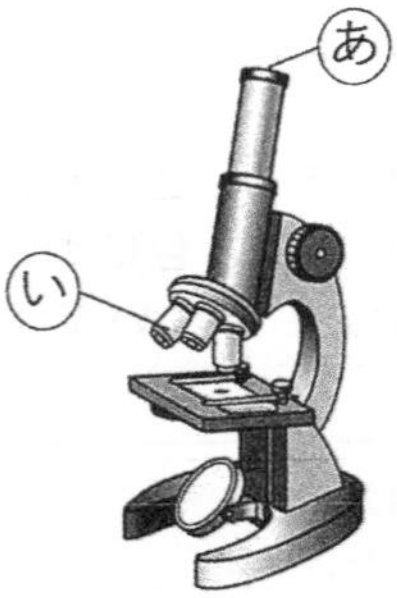

図１

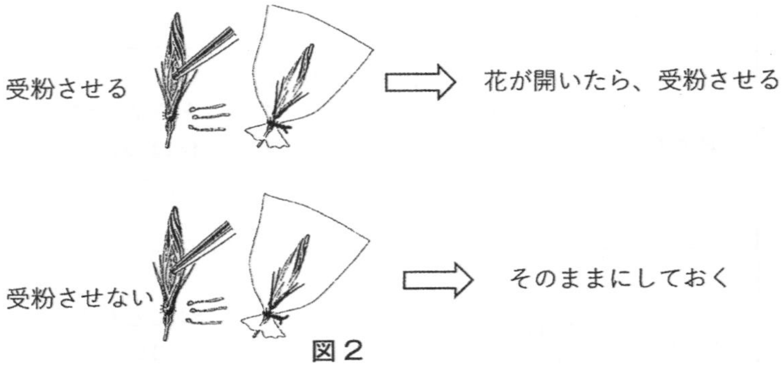

図２

(1)　一ぱん的に、アサガオのおしべの本数はいくつですか。

(2)　おしべの先にある粉のようなものを何といいますか。漢字で答えなさい。

(3)　(2)を**図１**のけんび鏡を使って観察しました。(a)～(c)の問いに答えなさい。

(a)　**図１**の㋐、㋑の名前を答えなさい。

(b)　観察したとき、㋐には「10×」、㋑には「40」と記してありました。このときの倍率を求めなさい。

(c)　アサガオのように１つの花に、花びらやがく、おしべ、めしべをもつなかまを、次の**ア**～**エ**から２つ選び、記号で答えなさい。

ア　ツルレイシ　　**イ**　オクラ　　**ウ**　ヘチマ　　**エ**　ナス

(4)　**図２**のように受粉させた花と受粉させなかった花の変化を、条件を整えて調べました。花にふくろをかける理由は何ですか。

(5)　アサガオが受粉するタイミングはいつですか。正しいものを次の**ア**～**カ**から１つ選び、記号で答えなさい。

ア　芽がでたとき　　**イ**　つぼみができたとき　　**ウ**　花が開く直前
エ　花が開ききった後　　**オ**　花がしぼんだ後　　**カ**　花がかれた後

4　天気について次の各問いに答えなさい。

(1)　晴れとくもりのちがいは、空全体を10としたときの雲の量で決まります。晴れのときの雲の量として正しい答えを次の**ア～オ**から１つ選び、記号で答えなさい。ただし、快晴も晴れにふくむこととします。

ア　0～2　　**イ**　0～4　　**ウ**　0～6　　**エ**　0～8　　**オ**　0～10

(2)　天気は雲の量によって変化をします。「入道雲」や「かみなり雲」と呼ばれる雲を次の**ア～エ**から１つ選び、記号で答えなさい。

ア　巻雲　　**イ**　乱層雲　　**ウ**　積乱雲　　**エ**　巻積雲

(3)　日本の天気の変化は、季節によって特ちょうが見られます。次の文は、春の日本付近での雲の動きを説明したものです。文中の①と②に「東、西、南、北」のいずれかを選び、書きなさい。

「春のころの日本付近では、雲が（　①　）から（　②　）へと動いていくので、
天気も（①）から（②）へと変わっていく。」

(4)　日本では、夏から秋にかけて台風が近づいたり上陸したりすることがあります。テレビで見る気象情報では、右の図のように台風は２つの円を使って表されることがあります。このとき、内側の円の中の風は、風速何m/秒以上の風ですか。あてはまる数字を答えなさい。

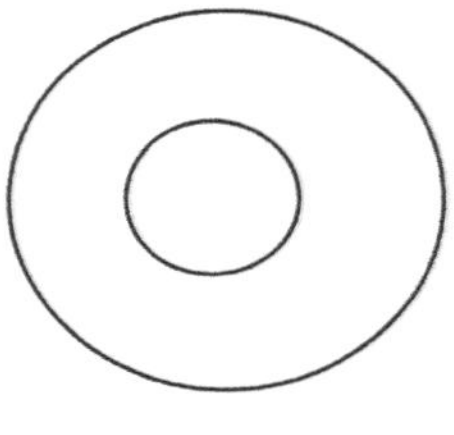

(5)　台風の風の向きとして正しい図を、次の**ア～エ**から１つ選び、記号で答えなさい。

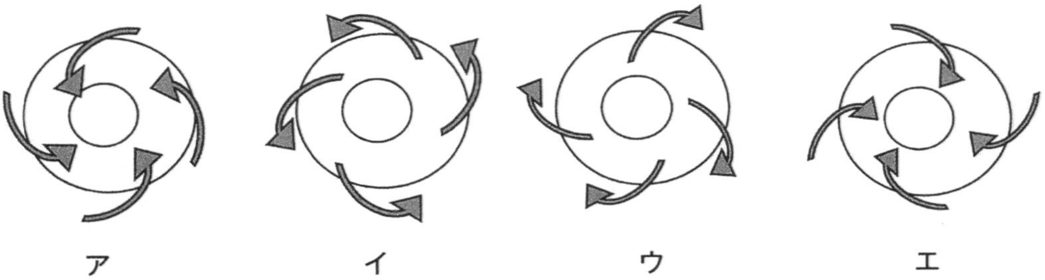

ア　　**イ**　　**ウ**　　**エ**

(6)　台風について正しく述べている文を次の**ア～エ**からすべて選び、記号で答えなさい。

ア　風の強さは、進む方向の右側が強い。

イ　「台風の目」とよばれる中心では、雨はあまり降らない。

ウ　台風の風で電柱が折れたり、大雨によって洪水《こうずい》が起こることがある。

エ　台風の強い風がふいているときは、外に出てひ害状きょうを確認する。

令和６年度

九州学院中学校　奨学生・専願生入学試験問題

社　　会

（注意：解答はすべて解答用紙に書きなさい。）

（30分）

[1] **次の日記は九州学院中学校の２年生が１１月に行ってきた研修旅行の後に提出されたものです。日記を読んで、次の各問いに答えなさい。**

～１日目～

熊本駅から新幹線に乗って、平和学習のため、広島県に向かいました。乗車して、福岡県を通過《つうか》していると収穫を終えた田んぼの風景が見えてきました。先生のお話によると、①**車窓《しゃそう》から見えた平野**では、米の他に**【ある農産物】**を５～６月にかけて収穫しているそうです。収穫した【ある農産物】の中には、②**ご当地料理のために開発された品種もあるなど、県と生産者が協力して生産している**ということも聞きました。

広島市に着くと、資料館へ行き、平和学習をしました。多くのぎせい者や被害を目の当たりにして、あらためて③**平和の大切さや核兵器をなくすことを国際社会に訴えていかなければならないと感じました。これからさらに学びを深めていきたい**と思います。

～２日目～

朝から、京都市内班別自主研修がありました。私の班は、数々の史跡《しせき》をバスを使ってめぐりました。かつて、④**都の置かれた都市**ということもあり、⑤**歴史ある街の風景**が印象的でした。また、京都市の中心部には鴨川《かもがわ》という川が流れていて、市民のいこいの場になっていました。ボランティアガイドの方のお話によると、⑥**55年ほど前**は、⑦**人々が環境のことをあまり考えずに、使った水を鴨川に流し、川を汚してしまった**そうです。長い時間をかけて美しい鴨川を取り戻したからこそ、これからも美しい鴨川を守っていきたいとおっしゃっていました。

～３日目・４日目～

３日目は、奈良県の世界遺産に指定されているお寺や大阪府のカップラーメン博物館へ見学に行きました。今や国民食となったカップラーメンの歴史を学ぶ中で、日本の社会の変化とも深く関わっていることもわかり、今後、さらに⑧**日本のものづくり**の歴史を調べたいと思いました。４日目には、ユニバーサルスタジオジャパンに行きました。ユニバーサルスタジオジャパンは⑨**日本にいながらアメリカにいるような気分**になり、楽しい思い出をつくることができました。

1　**下線部①**に関連した次の問いに答えなさい。

(1)　福岡県、佐賀県南部に広がる九州最大の平野を**ア～エから選び、記号で答えなさい。**

ア　筑紫平野　　**イ**　中津平野　　**ウ**　姶良平野　　**エ**　田方平野

(2)　(1)の平野では、**【ある農産物】**の生産がさかんです。次のカードは**【ある農産物】**についての情報です。カードを参考に**【ある農産物】**を答えなさい。

カード1

【ある農産物】の
国内自給率は、

13%

カード2

【ある農産物】の
国内生産量ランキング
1　北海道
2　福　岡
3　佐　賀
4　愛　知

カード3

【ある農産物】の
主な生産国
中　国
インド
アメリカ
フランス

2　**下線部②**に関連した、次の問いに答えなさい。

(1)　その地域で収穫した農産物を地元で食べることを何というか、**漢字で答えなさい。**

(2)　(1)について、述べた文として、**適当ではないものを１つ選び、記号で答えなさい。**

ア　地元の農家の人が作っているので、安全な食につながる。

イ　新鮮なうちに、食べることができるため、食品ロスの増加につながる。

ウ　国内農業の活性化をもたらし、食料自給率を上げることにつながる。

エ　地域の食材を使った食文化を継承《けいしょう》することにつながる。

3　**下線部③**に関連して、九州学院中学校では、『戦争の歴史』について事後学習を進めることになりました。『戦争の歴史』について、以下の問いに答えなさい。

(1)　カードＡは明治以降、日本が参戦した戦争を記したものです。**開戦の古い順に並べたとき３番目にくる戦争名を**答えなさい。

カードＡ

日中戦争　　太平洋戦争　　日露戦争　　日清戦争

⑵　カードＢは『戦後の復こう』に関する調べ学習の**メモ**です。メモ書きにある出来事を**古い順に並べたとき２番目と３番目にくる出来事をア～エからそれぞれ選びなさい。**

カードＢ
ア　国際連合に加盟した。
イ　サンフランシスコ平和条約を結んだ。
ウ　アジアで初めてのオリンピックが東京で行われた。
エ　バブル経済が崩壊した。

4　**下線部③**に関連した次の問いに答えなさい。

⑴　第９条で、外国との争い事を武力で解決しない、そのための戦力を持たないと記している1946年に公布されたものを答えなさい。

⑵　⑴には次のような三つの原則が示されています。

Ａ 基本的人権の尊重	**Ｂ** 国民主権	**Ｃ** 平和主義

次の①～④は、**Ａ～Ｃ**のどの原則ともっとも深い関わりがありますか。それぞれ、**Ａ、Ｂ、Ｃ**で答えなさい。ただし、**Ａ、Ｂ、Ｃは何度、使用してもよい。**

①　日本は核兵器を「もたない、つくらない、もちこませない」という非核三原則をかかげている。

②　小学校、中学校で使うすべての教科書が無償《むしょう》で全員に配られる。

③　憲法を改正するかどうかは、国民の投票で決める。

④　健康で文化的な最低限度の生活を営むことができる。

5　**下線部④**の都の名前を答えなさい。

6　**下線部⑤**に関連した、次の問題に答えなさい。

⑴　京都では、歴史ある街並みを損なわないために、独自のきまりを定めています。このような都道府県や市区町村がつくることのできるきまりを何というか、答えなさい。

(2) 歴史ある街並みを損なわないためのきまり（取り組み）として、**適当ではないものを次のア～エから１つ選び、記号で答えなさい。**

ア

店の看板の色を落ち着いた色に変えている。

イ

電柱をなくし、電線の地中化を進めている。

ウ

地区ごとに、建築物の高さを規制している。

エ

外国人観光客のための案内所をもうけている。

～NHK for School 参照～

7　**下線部⑥**に関連した、次の問題に答えなさい。

(1) 1950年代後半から約20年間、国内での生産や消費が大きく伸び、国民の生活が急速に豊かになったことを何というか、答えなさい。

(2) (1)の時期に３Ｃ（新三種の神器）と呼ばれるモノが普及しました。３Ｃと呼ばれたモノを**ア～コからすべて選び、記号で答えなさい。**

ア　白黒テレビ　**イ**　ラジオ　**ウ**　カラーテレビ　**エ**　ビデオデッキ
オ　クーラー　**カ**　電気冷蔵庫　**キ**　電気洗濯機　**ク**　電子レンジ
ケ　自家用車　**コ**　オーブントースター

8　**下線部⑦**のように、住民の生活の仕方や工場からのはいき物などが原因となって起こり、大気や水質が悪化したことによって、住民の生活や健康に被害がおよんでしまうことを何というか、答えなさい。

9　**下線部⑧**に関連した次の問いに答えなさい。

(1)　成田国際空港の貿易額（輸出額と輸入額を合わせたもの）はかつて（1980年）は4兆円ほどであったが、現在（2022年）では、約35兆円となり、貿易額が日本で1番高い港（海の港も含む）となっている。成田国際空港の貿易額が大幅に増加した原因を**下の資料を参考に説明しなさい。**

日本の輸出の主力品目
・自動車　・半導体等電子部品　・鉄鋼　・自動車部品　・半導体製造装置　など
日本の輸入の主力品目
・原油　・液化天然ガス　・医薬品　・半導体等電子部品　・通信機　など

(2)　研修旅行では新幹線を熊本～京都間で利用しましたが、利用した新幹線が通過した都道府県にある工業地帯、工業地域を**ア～クからすべて選び、記号で答えなさい。**

ア　阪神工業地帯　**イ**　東海工業地域　**ウ**　北陸工業地域　**エ**　瀬戸内工業地域
オ　北九州工業地域　**カ**　京葉工業地域　**キ**　京浜工業地帯　**ク**　北関東工業地域

10　**下線部⑨**に関連して、現代はインターネットや衛星放送で各地の出来事がすぐ伝わり、国境をこえた活動をしている企業が多くなっています。このような人や物、資金、情報の結びつきが強まり、世界が1つのようになることを何というか、答えなさい。

11　次の写真は研修旅行中に撮影したものですが、**1つだけ家族旅行の時に撮影したもの**がまぎれています。それはどの写真か、**ア～エから1つ選びなさい。**また、選んだ理由も答えなさい。

ア　原爆ドーム

イ　東大寺大仏

ウ　金閣

エ　日光東照宮

〈国語〉令和6年度　九州学院中学校　奨学生・専願生入学試験解答用紙

受験番号

※100点満点
（配点非公表）

1

①	②	③	④	⑤
伝承	衛星	奮　う	節目	肥　やす

⑥	⑦	⑧	⑨	⑩
ノ　ばす	コウカイ	ジッセキ	カテイ	キズ　く

2

問題1	問題2	問題3	問題4
		〜	A
			B

(4)	回	(5)	点	(6)	時間　　　分
(7)	cm^2	(8)	cm^3		

3

(1)	m	(2)	分　　　秒	(3)	m

4

(1)	度	(2)	cm	(3)	cm

2024(R6) 九州学院中
教英出版

				色	色

3

<table>
<tr><td>(1)</td><td>(2)漢字</td><td colspan="2">(3)</td></tr>
<tr><td rowspan="2">本</td><td rowspan="2"></td><td colspan="2">(a)</td></tr>
<tr><td>あ</td><td>い</td></tr>
<tr><td colspan="2">(3)</td><td>(4)</td><td>(5)</td></tr>
<tr><td>(b)</td><td>(c)</td><td rowspan="2"></td><td rowspan="2"></td></tr>
<tr><td>倍</td><td></td></tr>
</table>

4

(1)	(2)	(3)	
		①	②
(4)	(5)	(6)	
m/秒以上			

2024(R6) 九州学院中
K 教英出版

	(2)		
7	(1)		
	(2)		完答
8			
9	(1)		
	(2)		完答
10			
11	記号		
	理由		

5		
6		
7	A	
	B	
	C	
	D	
	E	
8	2番目	
	4番目	

〈社会〉令和６年度　九州学院中学校　奨学生・専願生入学試験解答用紙

受験番号	

※50点満点
（配点非公表）

1

1	(1)			
	(2)			
2	(1)			漢字
	(2)			
3	(1)			
	(2)	２番目		
		３番目		
4	(1)			
	(2)	①		
		②		
		③		
		④		
5				

2

1		
2		
3		
4		漢字
5		
6	という被害	

3

1	
2	
3	

【解答用

〈理科〉令和６年度　九州学院中学校　奨学生・専願生入学試験解答用紙

受験番号	

※50点満点
（配点非公表）

1

(1)	(2)	(3)
個	g	
(4)	(5)	(6)
	g	

2

(1)	(2)	(3)

【解答用

〈算数〉令和６年度　九州学院中学校　奨学生・専願生入学試験解答用紙

受験番号	

※100点満点
（配点非公表）

1

(1)		(2)		(3)	
(4)		(5)		(6)	

【解答

問題6
C
D

問題7

問題8

問題9
15
20

問題10

3

問題1

問題2
25
30

問題3

問題4
15
20

問題5
B
C
D
E

問題6

問題7

問題8

2 次の資料は令和５年度ふるさと納税の返礼品です。（ふるさと納税とは、自分の生まれた故郷や、応援したい自治体に寄付ができる制度のことで、手続きをすると、返礼品（お礼の品）がもらえたり、寄附金の使い道を自分で選択したりすることができます。）資料を読み、返礼品に関する次の問いに答えなさい。

左のマンゴーは沖縄県糸満市の返礼品です。糸満市ではマンゴーの栽培がさかんで果実が傷つかないように１つ１つネットをかけるなど、さまざまな工夫をしています。
沖縄ではマンゴーの他に、①**あたたかい気候**を生かし、パイナップルやシークワーサーなどの果物の栽培もさかんです。

左の野菜の詰め合わせは北海道上富良野町の返礼品です。北海道では広大な土地を生かし、さまざまな農産物を生産しています。②**同じ作物を連続して栽培すると土地がやせたり、病虫害が発生したりしやすいので、それをさける工夫**を行なっています。

左のお米は山形県新庄市の返礼品です。山形県は③**日本有数の米の産地**です。返礼品の「はえぬき」というお米は、④**さまざまなお米のいいところを集めて、山形県内にある、農業を研究している農業試験場で開発されました。**
「つや姫」や「雪若丸」など新しい種類のお米も誕生しています。

左のブリは大分県佐伯市の返礼品です。「かぼすぶり」は⑤**大分県が生産第１位のかぼすの果皮粉末をエサに混ぜて、出荷前に 30 回以上与えて育てた**ブランドブリです。
現在、⑥**日本の水産業では海外からの「風評被害《ふうひょうひがい》」の問題が深刻化しています**。生産者の努力だけでなく、国の早急な対応が求められています。

1　**下線部①**に関連して、下の図は資料の都道府県（県庁所在地）の気温と降水量のグラフです。**沖縄県**にあたるものを**ア～エから選び、記号で答えなさい。**

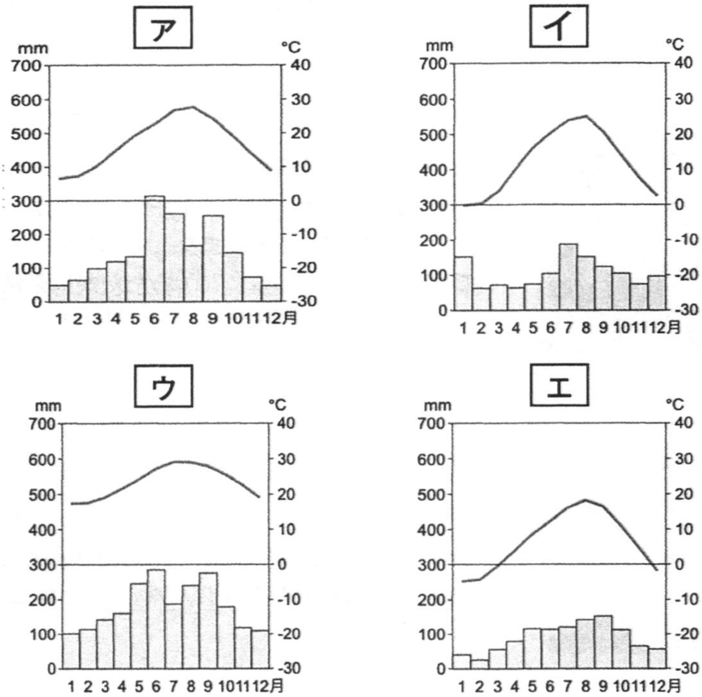

2　**下線部②**を防ぐために北海道で行われている生産方法を何というか、答えなさい。

3　**下線部③**の山形県に広がる稲作がさかんに行なわれている平野名を答えなさい。

4　**下線部④**のように、味のよさ、形や色のよさ、育てやすさ、収穫量の多さなど、品質の優れた農産物を開発することを何というか、**漢字で答えなさい。**

5　**下線部⑤**のように、稚魚《ちぎょ》をいけすなどで飼育し、食べられる大きさになったら出荷する漁業を何というか、答えなさい。

6　**下線部⑥**の日本の水産業が現在こまっている風評被害（事故や事件の後、根拠《こんきょ》のないうわさやおく測などで発生する経済的な被害）にはどのようなものがありますか、解答らんにあうように答えなさい。

3 **日本の歴史上の人物を紹介したＡ～Ｅの文を読み、各問いに答えなさい。**

Ａ　私は昔の天皇です。不安な世の中が仏のめぐみを受けて安らかになることを願って、地方ごとに国分寺を建てる命令を出し、都の東大寺には大仏も作らせました。私の宝物は［ X ］に納められています。

Ｂ　私は大化の改新で蘇我氏をたおし、天皇を中心とする国づくりを始めました。私の子孫にあたる［ Y ］は「もち月の歌」をよむほど絶大な権力をにぎりました。

Ｃ　私は①**長篠《ながしの》の戦い**で武田氏を破り、全国にその名を知られるようになりました。私が作った城下町では、②**誰でも商売ができ**、市場の税や関所をなくすことなど、これまでのしくみを大きく改めました。

Ｄ　私は、当時、最も力の強かったイギリスを相手に交渉して、③**不平等な条約を一部改正**することができました。条約の一部改正の後、日本で罪を犯した外国人を日本の法律で裁くことができるようになりました。

Ｅ　私は薩摩藩の藩士でしたが長州藩と同盟を結び、幕府を倒すうえで、大きな役割を果たしました。明治維新ののち、新政府の役人をつとめましたが、④**政府への反乱**を起こしました。

1　［ X ］に当てはまる建造物の写真を**ア～エ**から選び、記号で答えなさい。

ア

イ

ウ

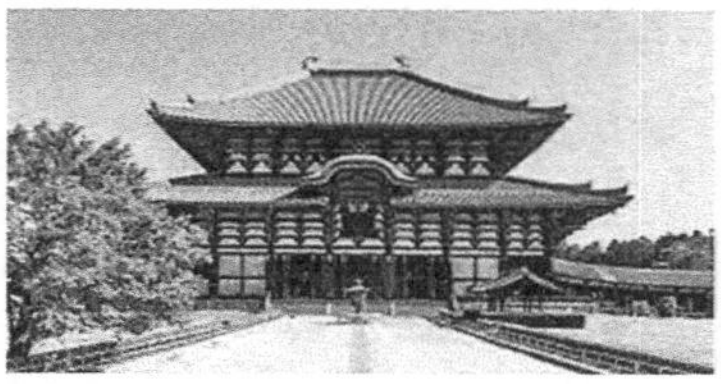

エ

2　Y の人物を答えなさい。

3　**下線部**①はどのような戦いだったか、**ア～エから１つ選び、記号で答えなさい。**

ア　南蛮貿易で得て、量産《りょうさん》した鉄砲を戦いで使用し、大勝利をおさめた。

イ　東軍と西軍に分かれ、多くの大名が戦ったため、天下分け目の戦いと言われた。

ウ　集まった武士たちが活躍し、朝廷の軍を打ち破り、力が西国にまでおよぶようになった。

エ　急ながけの下の守りを固めた陣に対し、がけの上から奇襲攻撃を行い、大勝利をおさめた。

4　**下線部**②の城下町で自由な商売を認めた政策名を答えなさい。

5　**下線部**③に関連した下の文章の【　　】にあてはまる語句を答えなさい。

条約の一部を改正して、【　　　】をなくすことに成功しました。

6　**下線部**④の反乱を答えなさい。

7　Ａ～Ｅの文を読んで、それぞれ誰の説明文か**人物名**を答えなさい。

8　Ａ～Ｅの文を**古い順に並べた時、２番目と４番目**にくるものをそれぞれ記号で答えなさい。

令和５年度

九州学院中学校　奨学生・専願生入学試験問題

国　　語

（注意：解答はすべて解答用紙に書きなさい。）

（45分）

K 教英出版

1 次の――線部の漢字はひらがなに、かたかなは漢字に改めなさい。

① 元旦に雑煮を食べる。
② 集合時間を厳守する。
③ 必要な物を取捨選択する。
④ 週末に銭湯に行く。
⑤ 後ろとの差が縮まる。
⑥ ヒサしぶりに京都へ行く。
⑦ 五時に起きるシュウカンがある。
⑧ モーターにはジシャクが使われる。
⑨ 新しいナイカクが発足《ほっそく》する。
⑩ 九州山地がツラなる。

2 次の文章を読んで、あとの問いに答えなさい。（ただし、**字数制限のある設問は、句読点、符号、記号も字数に含むもの**とします。）

ホームセンターや園芸店で土を調達する。その土を、ペットボトルの上半分を切りとってつくった容器に入れ、そこにタネをおく。そして浅すぎず深すぎない程度に土をかけてやる。土が乾いたら水をやる。手始めはこれだけでいいのです。[A]飯前の手軽さでしょう。

どうです？何だか無性に、タネをまいてみたい気分になってきませんか？

「食材」に身をかくして我々のもとにやってくるタネは、具体的にはどんなものがあるのでしょうか？まずは、捨てていたものから考えてみましょう。

冒頭で紹介したスイカ、ブドウ、メロン、ピーマン、カボチャ。それに、ミカン類、カキ、サクランボ、リンゴ、モモ、ナシ、トウガラシ、アボカド、ライチ、梅干しのタネなどなど。

[B]、生ゴミ行きにはならないけれど、果肉に紛《まぎ》れて胃袋のなかに放り込まれてしまうものもいくつかあります。[C]、イチゴ、キウイフルーツ、トマト、キュウリ、ナス、オクラ。サヤエンドウ（最近では、ちょっと大ぶりなスナップエンドウもある）やインゲンもそうですね。

イチゴは表面に点在しているブツブツが、キウイフルーツは輪切りにして現れる黒い点々が、それぞれのタネです。トマトのタネは、果肉の内側のどろっとした粘着《ねんちゃく》物質のなかにふにゃふにゃからめられていて、キュウリのタネは中心線に沿ってひっそりと淡《あわ》く並んでいます。

ナスは、果肉を切ってみても最初はどこにタネがあるのかわかりません。しばらくして断面の果肉が(注)褐色《かっしょく》に変わってくると、タネの粒々《つぶつぶ》が見えてきます。（ただし、キュウリとナスに関しては、〝未成熟果〟で収穫されたものを食べているので、タネ自体は発芽力を備えるまでに至っていない「半人前」です）。

一方、タネそのものを食べているものだってあります。

エダマメ、ソラマメ、グリンピースなどのマメもの。もちろん、ダイズやアズキも立派なタネ。

また、イネ、トウモロコシ、コムギの世界三大穀類も、いってみればタネそのものを食しているわけですし、ゴマ、アーモンド、ピーナッツ、樹木に成るギンナン、クリ、クルミも、種実類といってタネを食べているのです。

こうしてあらためて振り返ると、なんとまあタネだらけ。我々の食生活は、さまざまなタネに取り囲まれているのです。

こうなると、捨てていたタネだけじゃなくて、食用のタネも片《かた》っ端《ぱし》からまいてみたい(注)衝動《しょうどう》にかられませんか。「まいたらホントに芽が出るか？」という好奇心《こうきしん》が、うずうず疼《うず》いてきませんか。

タネをまけば芽が出る、というのはきわめて当たり前の自然の(注)摂理《せつり》です。ですから、(注)ガーデニングとか野菜づくりに親しんできた方にしてみれば、タネをまくこともまいたタネが発芽することも、それほど特別なことではないかもしれません。

しかし、買ってきたタネをまくのと、自分が食べたもののタネをまくのとでは、同じ発芽という現象であっても、発芽したときの感慨《かんがい》が大きく違います。なにしろ、売られているタネは「発芽がお約束」された商品。まいて芽が出て当たり前です。しかし、食べたもののタネは、ふつうはまかれることがないはずの存在。そのタネが土にまいてみるとなんとも気軽に発芽する。「まいてくれるのを待っていたんです」といわんばかりに、けなげなリアクションを返してくる。「なんかいいことがあるかも」という幸福の前触《まえぶ》れさえ予感してしまいそうな、①ワクワクした気持ちになるでしょう。わざわざタネを買わなくたって、ガーデニングをはじめようと気負わなくたって、植物と親しむ暮らしへの扉はこんなにも簡単に開くことができると、(注)目からウロコな気持ちを実感できるはずです。

それに、興味本位で実験的にまいたタネが、ひとつふたつと発芽していくと、「おおっ、これは」と期待がふくらむとともに、「せっかく発芽したんだから、枯《か》らしてはならん」と(注)俄然《がぜん》、気合いが入ります。そして、次はこれ次はあれ、という具合にもっともっと試してみたくなります。

そうして殺風景だった窓辺、あるいはベランダの一角に、慎《つつ》ましやかなガーデンが出来上がる。芽を出したばかりの植物たちは、(注)ポトスやアイビーのようなお手軽さはないし、いまいちジミでもあります。しかし、刻々と成長することの驚きや、花咲き実が成るという実りの期待も楽しませてくれるでしょう。

果実の収穫という夢を込めて、そのちっぽけなタイムカプセル＝タネを[D]に託《たく》してみませんか。ゴミとして死ぬはずだったタネを救ってやれば、②「タネの恩返し」を経験できるかもしれませんよ。

（藤田雅矢『捨てるな、うまいタネ』WAVE出版による。一部省略がある。）

（注）○褐色＝黒みを帯びた茶色。
○衝動＝反省や抑制なしに人を行動におもむかせる心の動き。
○自然の摂理＝自然界の法則。
○ガーデニング＝園芸。造園。
○目からウロコ＝何かがきっかけになって、今までよくわからなかったことが突然はっきりわかるようになる。
○俄然＝急に。突然。
○ポトスやアイビー＝観葉植物の名前。

問題1　[A]に漢字一字を当てはめて、「手軽である」という意味の熟語「[A]飯前」を完成させなさい。

問題2　最初の三行で述べられていることは、どのようなことですか。「タネ」という言葉を使って、十五字程度で書きなさい。

問題3　[B]、[C]に当てはまる言葉としてふさわしいものを次のア～オの中からそれぞれ一つずつ選び、記号で答えなさい。

ア　また　**イ**　さて　**ウ**　だから　**エ**　なぜなら　**オ**　たとえば

問題4　次のa～eの野菜や果物のタネは、あとのア～ウのどれに分類できますか。文章を読み、それぞれ記号で答えなさい。

a　ギンナン　　b　インゲン　　c　トウガラシ　　d　コムギ　　e　サクランボ

ア　タネそのものを食べているもの
イ　タネをゴミとして捨てているもの
ウ　タネを果肉と一緒に食べているもの

問題5　――線部①「ワクワクした気持ち」とありますが、そのような気持ちになるのはなぜですか。文章中の言葉を使って、三十字以上三十五字以内で書きなさい。

問題6　[D] に当てはまる言葉としてふさわしいものを次のア～エの中から一つ選び、記号で答えなさい。

ア　空　　イ　空気　　ウ　水　　エ　土

問題7　――線部②「タネの恩返し」とは、何をたとえて表現したものですか。次の文の（　　）に当てはまる言葉を、文章中から四十字以内で探し、はじめと終わりの三字をぬき出して答えなさい。

・タネをまくと、植物たちが、（　　　　　　　　）ということ。

問題8　文章中で筆者が述べている内容として、ふさわしくないものを次のア～エの中から一つ選び、記号で答えなさい。

ア　「食材」であるキュウリは、中心線に沿ってひっそりと淡く並んでいるものがタネである。
イ　私たちは、さまざまなタネに取り囲まれており、それらを日々食べながら生活をしている。
ウ　ガーデニングや野菜づくりに親しんでいる方々がタネをまくのは、当たり前のことである。
エ　タネを捨てずにまくことで、植物と親しむ暮らしへの扉は、簡単に開くことが可能である。

3　小学五年生のカイトは、同じバイオリンスクールに通う同級生のモネと一緒にコンクールの一次審査《しんさ》を突破し、二次審査に進んだ。次の文章は、二次審査会場で、全国的にも優秀なバイオリン奏者である森堂《もりどう》ツバサの演奏を聞く場面である。読んで、あとの問いに答えなさい。（ただし、**字数制限のある設問は、句読点、符号、記号なども字数に含むものとします。**）

Ⅰ

ツバサの選んだ曲は、わかいころに国をはなれ生涯《しょうがい》二度と祖国スペインの地をふむことがなかったという、バイオリニストでもあった作曲家（注）が、生まれ故郷のアンダルシアを想ってつくった（注）小品《しょうひん》だ。

（注）袖《そで》にいるカイトには、その視線のさきは見えなかったが、ツバサは客席の高いところを見てわらっているように見えた。南国のまぶしい光に目を細めているようにも見える。ゆったりとした（注）旋律《せんりつ》の導入部は、カイトを、スペイン南部のかわいた大地にひろがるオリーブ畑へいざなっていく。ツバサの（注）弓がつむぎだす音は、赤い砂ぼこりを巻きあげてとおりすぎる一陣《いちじん》の風になり、A、オリーブの実をつむ女たちのさざめきとなってカイトの胸をふるわせた。

やがてテンポが変わった。①カイトは、ぎくりとした。思わずまえに進みでて、だれかに肩をつかまれたが、ステージから目をはなすことができなかった。ひとりで立っているはずのツバサのそばで、長いスカートをたくしあげた女のひとが、かかとをふみ鳴らして、おどっているように見えたのだ。くつ音とカスタネットの音まできこえる気がする。

ツバサは曲をさいごまで弾《ひ》ききった。弓を高くあげたまま、輝く笑顔で客席の一点を見つめている。会場にひとがいなくなったのかと錯覚《さっかく》するほど、しーんとなった。何秒かのちに「ほーっ」というため息がきこえたとき、②カイトは全身に鳥肌が立った。そして、客席のうしろから拍手が起こった。選考会のため禁止されていたが、えんりょがちにはじまった拍手は、一気にホールにひびきわたる大きな拍手に変わっていった。客席の中段に陣取《じんど》った選考委員やコンクールの関係者たちも、あたたかいほほえみと、ひかえめな拍手を送っている。

（すごい。あれが先生がいわれた華やかな演奏なんだ）

と、カイトは思った。コンクールで入賞するためには華やかな演奏をしなければならないと、ふだんからいわれていた。B、カイトは、どんなに工夫しても、「それでは動きが大きくなっただけだ」と注意され、「よくなった」と、ほめられたときも自分の演奏をわざとらしく感じて居心地がわるく、コンクール用の演奏の意味がわからなかったのだ。

カイトは、どうすればいいのか、ずっと考えないようにして、この日をむかえた。その場で感じたままを弓にのせるのが一番気持ちがよかったし、それがカイトのやり方だった。

幼年のころから小さなコンクールの賞をひとつずつ手にいれてきたモネとはちがい、カイトにとって今回がはじめてのコンクール挑戦《ちょうせん》だった。

ステージに立ったときにでてきたものを見せるだけ。おぼろげながら、それがカイトのだした答えだ。ツバサのパフォーマンスを見ても、その思いは変わらなかった。この華やかさはツバサの内側からにじみでたものだ。カイトの持っている経験値ではまねをすることなどできるはずもないけれど、たとえ、まねすることができたとしてもしてはいけないことだと、カイトは思った。

ツバサのつぎに登場した小学五年生のモネは、中学生のあとということもあり、愛らしい姿を見せただけで、ひとびとの興味をさらった。そして、ふだんの [C] モネからは想像ができない堂々とした演奏で会場の空気をつかんだ。ツバサが盛りあげた空間をそのまま自分のものにしてしまったのだ。(注)弓さばきのむずかしいフレーズも、レッスンでは見せたことがない、ポニーテールがゆれるほどの派手なパフォーマンスでのりきった。小さくてつんととがったあごを、しゃくりあげるようにして高いところに視線をむけている。肩をゆらすたびに、ポニーテールにかざった赤い髪飾《かみかざ》りがライトを反射して光った。

(森堂さんのまねだ)

カイトは、③モネの演奏をとちゅうで見ていられなくなった。自分が同じように髪をみだして演奏する姿を想像するだけで、いやな気分になった。

(ぼくもあんなふうに弾かなくちゃいけないのだろうか)

カイトは、袖をはなれて楽屋のろうかにのがれた。モネのバイオリンの音はそのろうかまで追ってきた。カイトは、音を [D] ようにもうひとつドアをぬけた。いきなり(注)バルコニーへでた。川が見える。河原にはあおあおとした草が群れをつくっていた。水の匂いのする涼風《すずかぜ》が心地いい。白いカモメがとんでいる。

(海から遠い、こんな内陸部にカモメがいるんだ)

と思うと、笑みがうかんだ。

カイトは、「いつものように弾くだけだ」と、心でつぶやいて迷いをふりはらった。

モネは、ほおを(注)紅潮《こうちょう》させ袖にはいってきた。いれちがいにステージ中央へでていったカイトは、④不思議なくらい冷静で、客席にいるひとの顔をひとりひとりはっきりと見わけることができた。

（ぼくは、モネちゃんみたいにまねはしない）

モネのゆれるポニーテールを思うと、カイトは心がしらじらとさめていく気がした。ゆったりとした動作でバイオリンをかまえた。しんとした空間にカイトの(注)弦《げん》だけがひびく。

Ⅱ

カイトが課題曲から選んだのは、ハンガリーの音楽家の曲だった。羊を追って、ひろい草原をかける馬をテーマにした曲だ。馬が羊の歩調にあわせて、ゆったりとかけていくようすを表現した旋律が気にいって、この曲を選んだ。

大きなホールで演奏するのは心地よかった。(注)両親のことも、ツバサのことも、モネのことも、ことさらに感情を消そうと意識したのは、はじめだけだった。カイトは、花の咲きみだれる草原をイメージして、しずかに弓を運んだ。遠い空に白い雲が流れていく。そのイメージの空に白い鳥がとんでいるのは、さっき見たカモメのせいだと、カイトは思った。

（西村すぐり『ぼくがバイオリンを弾く理由』ポプラ社による。一部省略がある。）

（注）○生まれ故郷＝生まれた土地。ふるさと。
○小品＝絵画・彫刻《ちょうこく》・音楽などで、規模の小さい作品のこと。
○袖＝舞台《ぶたい》の左右の端《はし》のこと。
○旋律＝音楽の基本的要素のひとつ。リズムを伴《ともな》った音の連続的なつらなりで、音楽的な内容をもったもの。
○弓＝バイオリンなどの弦《げん》をこすって音をだす器具。細長い棒に馬の尾の毛などを張ってつくる。
○弓さばき＝弓を使って演奏する技術のこと。
○バルコニー＝洋風建築で、階上の室外に張り出した手すり付きの所。
○紅潮＝顔に血が上って赤みを帯《お》びること。
○弦＝楽器に張り、はじいたりこすったりして音を出す糸。
○両親のこと＝カイトは神戸のバイオリンスクールに通うために、広島の親元をはなれ、バイオリンの先生の家に住んでいる。

問題1 [A]、[B] に当てはまる言葉としてふさわしいものを次のア～オの中からそれぞれ一つずつ選び、記号で答えなさい。

ア たとえば　イ だが　ウ つまり　エ なぜなら　オ そして

問題2 ――線部①「カイトは、ぎくりとした」とありますが、その理由としてふさわしいものを次のア～エの中から一つ選び、記号で答えなさい。

ア ツバサの演奏を聞き、オリーブの実をつむ女たちが想像できたから。
イ ツバサの演奏中に、突然うしろからだれかに肩をつかまれたから。
ウ ツバサの演奏から、そこにないものが見えるように思えたから。
エ ツバサの演奏のテンポが急に変わったので、おどろいたから。

問題3 ――線部②「カイトは全身に鳥肌が立った」とありますが、それはツバサの演奏がどのようなものだったからですか。文章中の言葉を使って「～だったから。」に続くように、十五字程度で答えなさい。

問題4 [C] に当てはまる言葉としてふさわしいものを次のア～エの中から一つ選び、記号で答えなさい。

ア おとなしい　イ 怒りっぽい　ウ 明るい　エ 積極的な

問題5 ――線部③「モネの演奏をとちゅうで見ていられなくなった」とありますが、その理由としてふさわしいものを次のア～エの中から一つ選び、記号で答えなさい。

ア ツバサのように経験を積まなくては、まねをしてはいけないと思ったから。
イ 人のまねをして演奏するのは、正しくないことだと思っているから。
ウ モネが演奏の難しいところを上手く弾き、くやしく思ったから。
エ 人のまねをして演奏するモネのことを、うらやましいと思っているから。

問題6　D に当てはまる言葉としてふさわしいものを次のア～エの中から一つ選び、記号で答えなさい。

ア　けしさる　　**イ**　のみこむ　　**ウ**　とりのぞく　　**エ**　ふりはらう

問題7　――線部④「不思議なくらい冷静」とありますが、このときの「カイト」の心情はどのようなものですか。ふさわしいものを次のア～エの中から一つ選び、記号で答えなさい。

ア　演奏を終えたモネをみると、上手くいかなかった様子なので安心している。

イ　審査に関わるため落ち着いたふりをしているが、実はひどく緊張している。

ウ　モネの演奏にいやな気分になったが、のどかな風景を見たことで心が落ち着いている。

エ　モネの演奏を最後まで聞いて、いつもどおり演奏できれば勝てると思っている。

問題8　文章中のⅠ、Ⅱの内容を読んで、（a）「カイト」が感じた「ツバサ」の演奏の特徴《とくちょう》と、（b）「カイト」の演奏の特徴としてふさわしいものを、次のア～オの中からそれぞれ一つずつ選び、記号で答えなさい。

ア　曲に対するイメージに、実際に自分が見た景色を加えて表現している。

イ　曲のイメージとちがっていようが、自分の表現したい世界を優先している。

ウ　派手なパフォーマンスを嫌い、曲のイメージを正確に表現している。

エ　曲に込められた風景を表現し、聞いている人をその中にひきこんでいる。

オ　曲のイメージを表現するより、華やかで派手なパフォーマンスを重視している。

令和５年度

九州学院中学校　奨学生・専願生入学試験問題

算　　数

（注意：解答はすべて解答用紙に書きなさい。）

（45分）

1 次の計算をしなさい。

(1) $115 - 37$

(2) 2.5×1.3

(3) $1.68 \div 6.72$

(4) $72 \div 12 \times 7$

(5) $(230 - 30 \times 7) \div 4$

(6) $\left\{\left(2\frac{2}{5} - 2\right) \times \left(3 - 1\frac{1}{3}\right)\right\} \div \frac{5}{12}$

2 次の各問いに答えなさい。

(1) 分速 15 m は時速何 km か求めなさい。

(2) 2割の利益が出るように売値を216円とした商品がある。この商品の原価を求めなさい。ただし、消費税は考えないものとする。

(3) 5チームで野球の試合を総当たりで行うとき、何試合行われるか求めなさい。

(4) 1L のガソリンで 12 km 走る自動車がある。300 km 走るには、何 L のガソリンが必要か求めなさい。

(5) 下の表は、A～Eの5人の児童が算数のテストを受けたときに、60点を基準としてそれよりも何点上回ったかを表したものである。5人の平均得点を求めなさい。

児童	A	B	C	D	E
基準との差(点)	0	30	14	6	3

(6) たて 6 cm、横 9 cm の長方形のタイルをしきつめて最も小さい正方形を作るとき、タイルが何枚必要か求めなさい。

(7) 右の図のように1辺の長さが 8 cm の正方形の中に円が入っている。色のついた部分の面積を求めなさい。ただし、正方形と円は4つの点で交わっている。

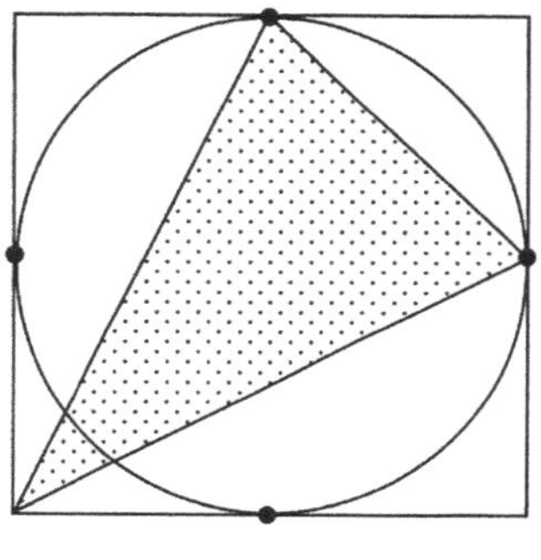

(8) 右の図は立方体の展開図で、AとBは立方体の頂点である。AとBを立方体の表面にそって糸で結ぶとき、最も短い結び方は何通りあるか求めなさい。

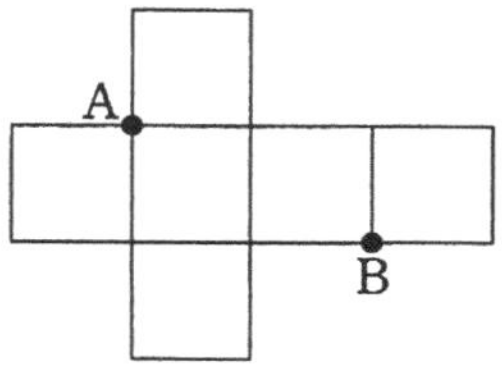

3 図1のような長方形の内部に直線を引いて長方形を分ける。どの2本の直線も長方形の内部で必ず1点で交わり、どの3本の直線も1点で交わらないようにする。図2は1本、図3は3本の直線を引いた場合で、それぞれ長方形を2個と7個に分けている。次の各問いに答えなさい。

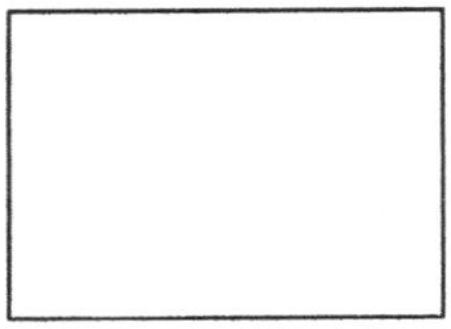
図1

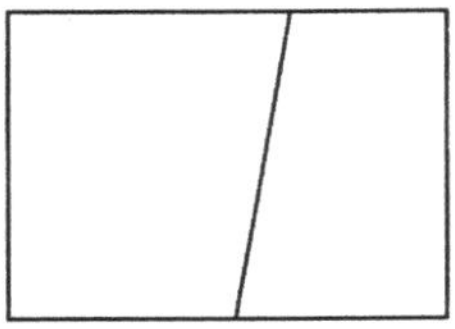
図2

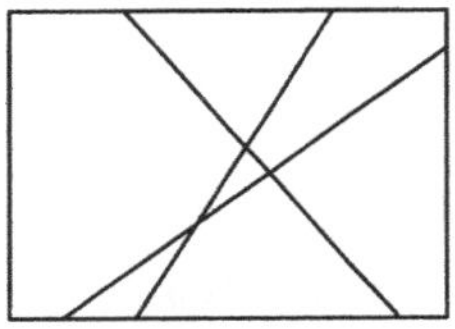
図3

(1) 直線を4本引いたとき、長方形は何個に分けられるか求めなさい。

(2) 直線の5本目を引くとき、長方形の分割は4本目を引いた状態から何個増えるか求めなさい。

(3) 直線を18本引いたとき、長方形は何個に分けられるか求めなさい。

4 一郎さんと二郎さんは、それぞれ同じ路線を走る電車でＡ駅を出発し、Ｂ駅を通ってＣ駅に向かう。一郎さんは午前８時にＡ駅を出発し、Ｂ駅で電車を乗りかえてＣ駅に向かった。Ｂ駅での乗りかえには６分かかった。また、二郎さんは遅れてＡ駅を出発し、Ｃ駅まで直通の電車で向かい、午前９時11分に一郎さんより先にＣ駅に着いた。３つの電車の速さはそれぞれ異なり、下のグラフは２人の間の路線上の距離と時刻の関係を示したものである。次の各問いに答えなさい。

(1) 一郎さんがＡ駅からＢ駅の間で乗った電車の速さは時速何 km か求めなさい。

(2) 二郎さんが乗った電車の速さは時速何 km か求めなさい。

(3) Ａ駅からＣ駅までの距離を求めなさい。

(4) 一郎さんがＢ駅からＣ駅の間で乗った電車の速さは時速何 km か求めなさい。

(5) 一郎さんのＣ駅への到着時刻を求めなさい。

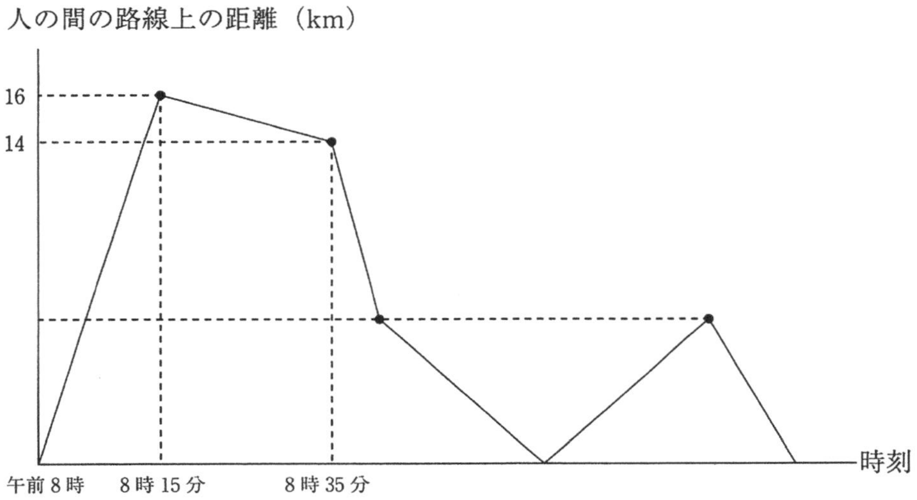

令和５年度

九州学院中学校　奨学生・専願生入学試験問題

理　　科

（注意：解答はすべて解答用紙に書きなさい。）

（30分）

1 図１のように、エナメル線を100回巻いて、その中に鉄くぎを入れて電流を流しました。次の問いに答えなさい。

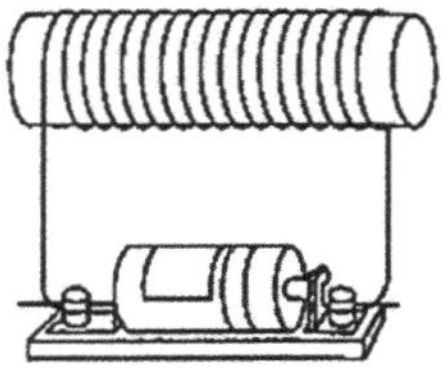

図１

(1) 図１のような装置を何といいますか。漢字で答えなさい。

(2) 図1の装置に電流を流したまま、方位磁針を近づけると、図2のようになりました。Xの場所に方位磁針を置くとどうなりますか。次のア～エから１つ選び、記号で答えなさい。

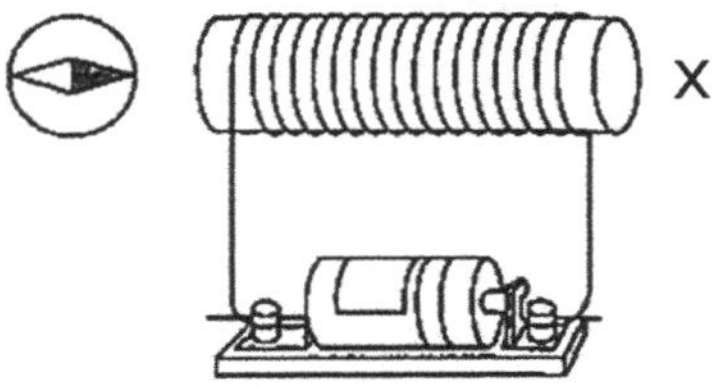

図2

(3) 図２のエナメル線を逆向きに巻いて、Xの場所に方位磁針を置きました。このとき方位磁針はどうなりますか。(2)のア～エから１つ選び、記号で答えなさい。

(4) 図１の装置のコイルの巻き数を変えてゼムクリップのついた数を調べました。その結果を表３にまとめました。①、②にあてはまる数字は何ですか。ただし、電池が２個のときのつなぎ方は直列つなぎとします。

表３

コイルの巻き数[回]	電池の数[個]	ゼムクリップのついた数[個]
100	1	4
100	2	8
150	2	12
200	1	8
200	2	①
②	2	4

(5) **表3**の結果から、コイルにエナメル線を200回巻き、並列に電池を２個つなげたとき、装置につくゼムクリップの数は何個だと考えられますか。

2 塩酸と石灰水を使って、**実験１～３**を行いました。次の問いに答えなさい。

実験１　塩酸と石灰水をそれぞれとり出し、**図４**の容器に入れて加熱をしました。加熱後、その容器の中を調べました。

実験２　塩酸と石灰水を試験管にとり出し、BTBよう液を加えると、それぞれ色が変化しました。

実験３　それぞれの水よう液に小さな鉄の板を入れて、変化を調べました。

(1)　実験で使用した**図４**の容器の名前を答えなさい。

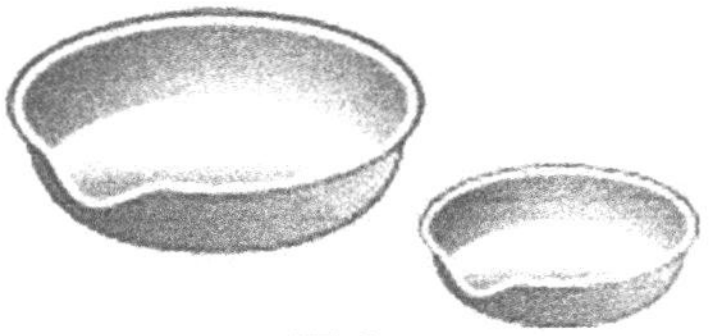

図4

(2)　うすい塩酸を加熱すると、強いにおいがしました。これは、うすい塩酸にとけている気体が出てきたためです。出てきた気体は何ですか。名前を答えなさい。

(3)　石灰水を加熱後、(1)の容器の中に固体が残りました。この固体は何色ですか。

(4)　塩酸にBTBよう液を入れたときの色は何色ですか。

(5)　石灰水にBTBよう液を入れたときと同じ色になる水よう液を次の**ア～エ**から１つ選び、記号で答えなさい。

ア　水酸化ナトリウム水よう液　　**イ**　炭酸水　　**ウ**　食酢をうすめたもの

エ　食塩水

(6)　**実験３**の結果として正しいものを次の**ア～エ**から１つ選び、記号で答えなさい。

ア　どちらの水よう液からも気体が発生する。

イ　塩酸からのみ気体が発生する。

ウ　石灰水からのみ気体が発生する。

エ　どちらの水よう液からも気体は発生しない。

3　私たちの身のまわりには多くの生物が深く関わって生活しています。次の問いに答えなさい。

(1)　**図5**、**図6**は池にすむ生物です。それぞれ名前を何といいますか。

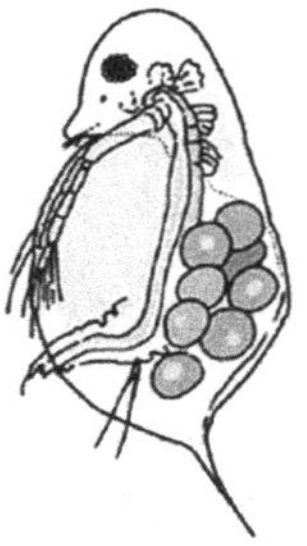

図5

図6

(2)　植物を出発点とした、「食べる・食べられる」という関係で１本の線のようになっている生物の間のつながりを何といいますか。漢字で答えなさい。

(3)　生物が生きていく環境《かんきょう》について説明した文として、まちがっているものを次の**ア**～**エ**からすべて選び、記号で答えなさい。

ア　生物は呼吸で、植物がはき出した二酸化炭素をとり入れて生きている。

イ　生物は、体のはたらきを保ったり、成長したりするのに水が必要である。

ウ　生物は、水がないと生きていくことができない。

エ　日光があれば、すべての生物は養分をつくることができる。

(4)　植物は、生物が生きていくのに必要な酸素をつくり出しています。そのとき、植物がとり入れる気体は何ですか。名前を答えなさい。

(5)　植物は、酸素や二酸化炭素のほかに、水蒸気も体の外に出しています。このはたらきを何といいますか。また、このはたらきを行う葉の水蒸気の出口を何といいますか。それぞれ漢字で答えなさい。

4 地層について、次の問いに答えなさい。

(1) 地層には、動物や植物の一部、動物のすみか、あしあとなどが見つかることがあります。これをまとめて何といいますか。

(2) 大きな建物をたてる前、地下のようすを調べる方法を何調査といいますか。カタカナで答えなさい。

(3) 次の文は、地層のでき方を説明したものです。(A) にあてはまる語句を答えなさい。

地層は、(A) によって運ぱんされるもので、海底などに層になって積み重なってできる。

(4) 地層をつくっている主なものの中で、ゴマつぶ程度の大きさ（2mm以上）より大きいものを何といいますか。

(5) 地層には、火山灰がふくまれていることがあります。双眼実体けんび鏡、皿、ペトリ皿、火山灰を準備しました。火山灰を調べる方法の手順について、次の**ア～エ**を正しい順序に並べかえなさい。

ア にごり水をすてる。(これをくり返す)
イ 双眼実体けんび鏡などで観察する。
ウ 火山灰を皿に取り、水を加えてよくこする。
エ かわかしてペトリ皿にうつす。

令和５年度

九州学院中学校　奨学生・専願生入学試験問題

社　　会

（注意：解答はすべて解答用紙に書きなさい。）

（30分）

□1 「全国旅行支援」のキャンペーンが10月11日にスタートし、全国の観光地に活気が戻りつつあります。お城好きのたくや君は、家族旅行の候補地《こうほち》にあがっている５つのお城のある都道府県について調べました。たくや君とお父さんの会話文を読んで、次の各問いに答えなさい。

たくや君：人気のお城とその都道府県について、調べたんだけど見てくれるかな。
お父さん：内容を見て、今度の家族旅行の目的地に決めよう。

資料１

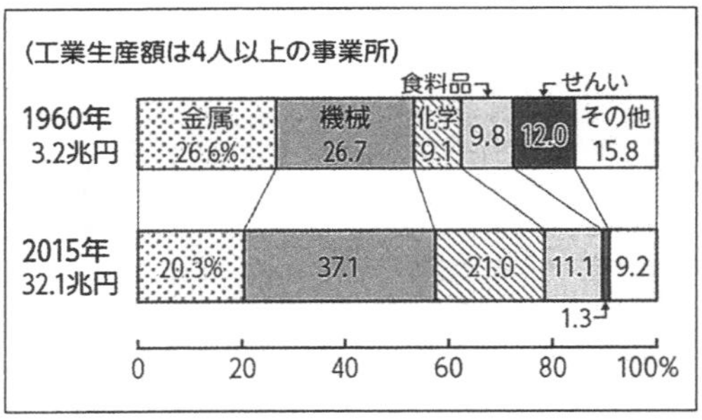

この城は姫路城です。別名しらさぎ城といって①世界遺産に登録されています。
姫路城のある［　A　］には、山に囲まれた国際的な港町、神戸市や甲子園球場のある西宮市もあり、多くの観光客が訪れます。②［　A　］と隣接する都道府県に広がる工業地帯は日本有数の生産額をほこっています。

資料２

この城は五稜郭《ごりょうかく》です。五稜郭のある［　B　］は、③日本の食料基地とよばれています。稲作がさかんな【　1　】、小豆などの畑作が行われる【　2　】、漁獲量《ぎょかくりょう》の多い【　3　】など、食を求めて外国からも観光客が訪れます。また、昔から生活してきた④先住民の人々の文化を大切にしていくために、国立の博物館も開館しました。

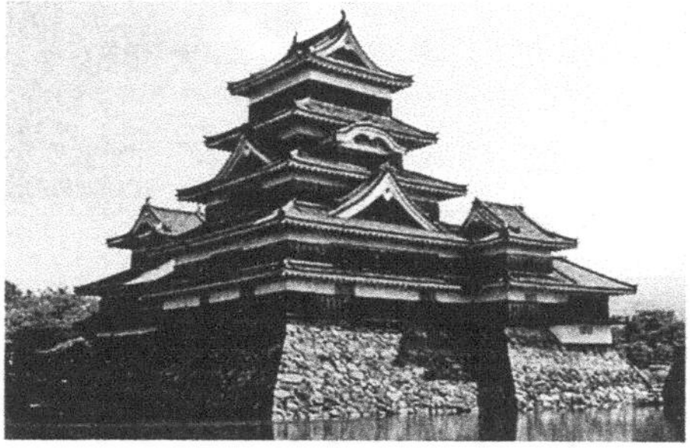

資料3

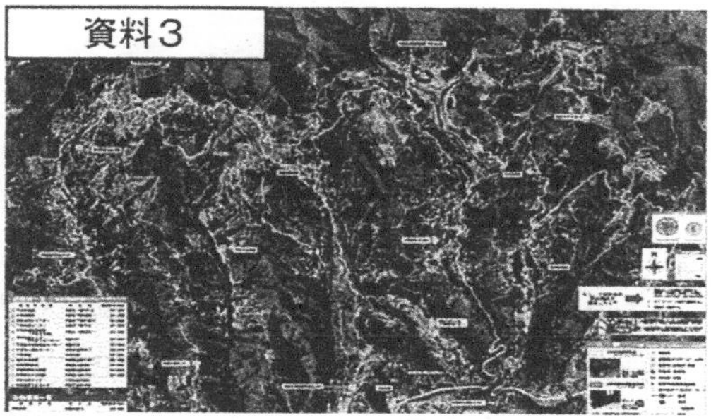

この城は松本城です。松本城は国宝に指定されている人気のお城です。
松本城のある［　C　］は、2014年に⑤噴火した御嶽山《おんたけさん》をはじめ、⑥3000 m級の山々が連なっています。軽井沢や上高地は人気の避暑地《ひしょち》で⑦高冷地の気候を生かした産業も特徴的です。

資料4

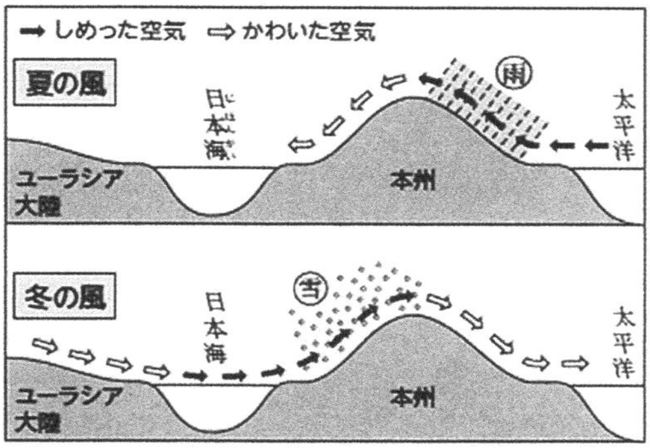

この城は松江城です。松江城のある［　D　］には、日本最古級の神社で、大社造《たいしゃづくり》で有名な出雲神社や宍道湖《しんじこ》など観光名所がたくさんあります。⑧日本海に面していることから⑨海産物にめぐまれており、国内外を問わず、多くの人が訪れます。⑩韓国（ソウル）と出雲市には直行便もあります。

この城は熊本城です。熊本城のある熊本県は、九州の中央に位置し、近隣の県とのアクセスも便利です。また、⑪地下水が豊富で、県庁所在地の熊本市の水道水は100%、地下水を利用しているそうです。

資料５

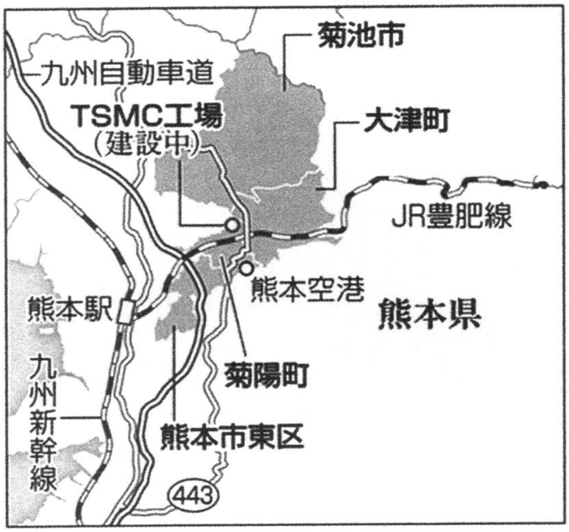

お父さん：とてもよく調べていて、どこに行こうか迷ってしまうね。

たくや君：僕の住む［ Ｅ ］には、かつて壮大なお城があったそうです。現在は皇居になっているところにあったみたいだよ。

お父さん：皇居周辺は今も昔も⑫政治の中心だったんだね。

たくや君：かつての政治の中心だったお城をめぐる家族旅行、楽しみだね。現地にいっていろいろなことを実際に見て学びたいですね。

～東京書籍新しい社会地理、西日本新聞より転載～

1．**下線部①**に関連して、次の**ア～エ**のうち、世界遺産に登録されているものを1つ選び、記号で答えなさい。

ア　阿蘇山　　**イ**　屋久島　　**ウ**　奥羽山脈　　**エ**　桜島

2．**下線部②**に関連した次の問いに答えなさい。

(1)　**下線部②**の工業地帯の名前を答えなさい。

(2)　**資料1**は、**下線部②**の工業地帯の工業生産についてのグラフです。グラフの読み取りとして**資料1**から読み取れる内容として、**適当ではないものを1つ選び**、記号で答えなさい。

ア　1960年から2015年にかけて、最も生産額割合が増加したのは金属である。

イ　1960年から2015年にかけて、最も生産額割合が減少したのはせんいである。

ウ　2015年の食料品の生産額はおよそ3兆円である。

エ　1960年から2015年にかけて、総生産額は30兆円ていど増加している。

3．**下線部③**に関連した次の問いに答えなさい。

(1)　日本の食糧生産の課題として、**適当ではないものを1つ選び**、記号で答えなさい。

ア　漁場の環境の悪化やとりすぎなどの理由で、魚資源が少なくなってしまった。

イ　日本人の食生活が変化して、米の生産量が消費量を上回り、米が余ってしまう。

ウ　日本の食糧自給率は、アメリカと比べると低いものの50%の水準を保っている。

エ　農業も水産業も働く人が減っており、後継者不足が深刻である。

(2)　いつ、どこで、だれが、どのようなつくり方をしたかなど、農畜産物の生産や流通の過程をさかのぼって知ることができる制度を何と言うか、答えなさい。

4．【　1　】～【　3　】に当てはまる語句の組み合わせとして適当なものを次のア～ウから1つ選び、記号で答えなさい。

	【 1 】	【 2 】	【 3 】
ア	石狩平野	十勝平野	釧路港
イ	筑紫平野	南筑平野	博多港
ウ	庄内平野	米沢盆地	酒田港

５．**下線部④**、および**資料２**の先住民を答えなさい。

６．**下線部⑤**に関連して、**資料３**のような自然災害による被害が予想される範囲などを表した地図のことを何というか答えなさい。

７．**下線部⑥**に関連した次の問いに答えなさい。

⑴　次の文は3000ｍ級の山々について説明したものである。文章中の〔　　　　〕にあてはまる語句を答えなさい。

日本の中央にそびえる飛騨山脈、木曽山脈、赤石山脈を日本〔　　　　〕と呼びます。

⑵　山地、平地について説明した文として、**適当ではないものを１つ選び**、記号で答えなさい。

ア　山がはば広く連なる山地を高地という。

イ　標高は高いが、平らに広がる土地を高原という。

ウ　あまり高くなく、小さな山が続いている地形を丘陵《きゅうりょう》という。

エ　平地の中でまわりより高くて平らになっている地形を盆地という。

８．**下線部⑦**に関連した次の問いに答えなさい。

⑴　次の文は高冷地の気候を生かした農業について説明したものである。文章中の〔　　　　〕にあてはまる語句をこたえなさい。

C の川上村では冷涼な気候を生かし、作物の生育をおさえて、収穫時期と出荷する時期を遅らせる〔　　　　〕をおこなっており、レタスの生産量が全国１位です。

⑵　下の表は、 C の都道府県がさかんに生産している農産物の生産量を示したものです。表中の【　４　】から【　６　】に当てはまる語句を答えなさい。**【　５　】は都道府県をつけて漢字で答えなさい。**

	【　４　】	ぶどう	【　６　】
１位	青　森　県	【　５　】	【　５　】
２位	C	C	福　島　県
３位	岩　手　県	山　形　県	C
４位	山　形　県	岡　山　県	山　形　県

〈国語〉令和5年度　九州学院中学校　奨学生・専願生入学試験解答用紙

受験番号

※100点満点
（配点非公表）

1

①	②	③	④	⑤
雑煮	厳守	取捨	銭湯	縮 まる

⑥	⑦	⑧	⑨	⑩
ヒサ しぶり	シュウカン	ジシャク	ナイカク	ツラ なる

2

問題1　　飯前

問題2

問題3　B　C

問題4　a　b　c　d　e

(4)	L	(5)	点	(6)	枚
(7)	cm^2	(8)	通り		

3

(1)	個	(2)	個	(3)	個

4

(1)	時速　　km	(2)	時速　　km	(3)	km
(4)	時速　　km	(5)	時　分　秒		

(4)	(5)	(6)
色		

3

(1)		(2) 漢字	(3)
図5	図6		

(4)	(5) 漢字	
	はたらき	出口

4

(1)	(2)	(3)
	調査	

(4)	(5)
	→ → →

9	(1)	
	(2)	
10		
11		
12	(1)	
	(2)	
13	(1)	
	(2)	
14	A	
	B	
	C	
	D	
	E	

2	
3	
4	
5	
6	
7	

〈社会〉令和５年度　九州学院中学校　奨学生・専願生入学試験解答用紙

受験番号	

※50点満点
（配点非公表）

1

1		
2	(1)	
	(2)	
3	(1)	
	(2)	
4		
5		
6		
7	(1)	
	(2)	
8	(1)	
	(2)	【4】
		【5】

2

1	【1】	
	【2】	
	【3】	
2		
3		
4		
5		
6		
7		
8	→ →	

【解答

〈理科〉令和５年度　九州学院中学校　奨学生・専願生入学試験解答用紙

受験番号	

※50点満点
（配点非公表）

1

(1) 漢字	(2)	(3)
(4)		(5)
①	②	個

2

(1)	(2)	(3)

【解答

〈算数〉令和５年度　九州学院中学校　奨学生・専願生入学試験解答用紙

受験番号	

※100点満点
（配点非公表）

1

(1)		(2)		(3)	
(4)		(5)		(6)	

【解答

2

問題

問題6

問題7

～

問題8

3

問題1

A

B

問題2

問題3

だったから。

問題4

問題5

問題6

問題7

問題8

a

b

9．**下線部⑧**に関連した次の問いに答えなさい。

(1) 日本海の気候に大きな影響を与える、夏と冬でふく方向が変わる風を何と言いますか。

(2) **資料４**を参考に、日本海側の気候の特色を説明しなさい。

10. **下線部⑨**に関連して、プランクトンが豊富で、海そうが良く育つ好漁場になっている、水深が 200 m ぐらいまでの緩やかな斜面の海底を何と言うか答えなさい。

11. **下線部⑩**にあるインチョン国際空港は、世界 150 都市以上と結ばれ、24 時間利用できます。このような飛行機ネットワークの中心となる空港を何と言いますか。

12. **下線部⑪**に関連した次の問いに答えなさい。

(1) 熊本県山都町《やまとちょう》には通潤橋《つうじゅんきょう》という熊本城の石垣を参考に作られた石橋があります。この石橋は、水が少ない地域に水をもたらすために作られました。通潤橋によってもたらされた、人々が生活や農業などに使うための水や水路のことを何と言いますか。

(2) 豊富に水資源を確保できることから、世界的に有名な半導体《はんどうたい》メーカー（ＴＳＭＣ）が現在、菊陽《きくよう》町に工場を建設しています。**資料５を参考に、豊富な水資源以外に菊陽町に工場を建設する理由**を説明しなさい。

13. **下線部⑫**に関連した次の問いに答えなさい。

(1) 2022 年７月に選挙が行われ、125 名の国会議員が選出された議院を**漢字**で答えなさい。

(2) 国会の働きとして、適当なものを**ア～エ**から**すべて選び**、記号で答えなさい。

ア 国のお金の使い道をきめる。

イ 政治が憲法に違反《いはん》していないか調べる。

ウ 外国との交渉《こうしょう》や交際《こうさい》を行う。

エ 憲法を改めることを国民に提案《ていあん》する。

14. [A]～[E]に当てはまる都道府県名を答えなさい。また、**解答には都道府県をつけて漢字でこたえなさい。**

2 次の資料１～３は各時代の様子を表したものである。あとの各問いに答えなさい。

資料１

資料２

資料３

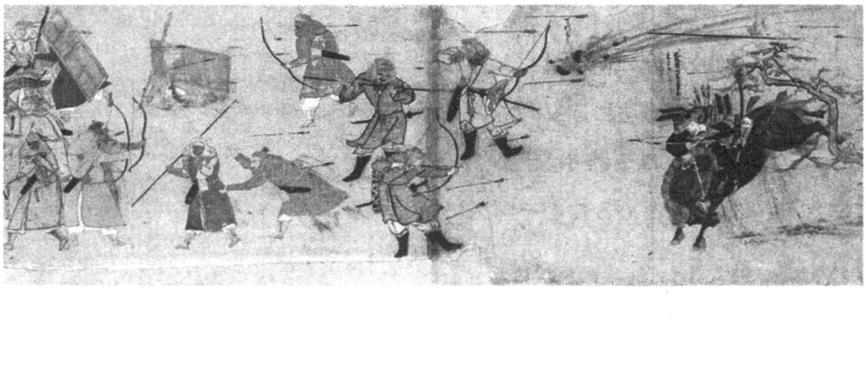

1．次の文章は**資料1**の時代のことについて説明したものです。文章中の【　1　】～【　3　】にあてはまる適当な語句を、**語群**の**ア～ケ**からそれぞれ選び、記号で答えなさい。

> 都が【　1　】に移されたこの時代になると、一部の有力な貴族が政治を動かすようになりました。
> その中でも【　2　】の子孫である藤原氏は藤原道長のころに最も大きな力をもちました。朝廷に仕える女性たちは多くの文学作品を作り、天皇のきさきだった藤原道長の娘に教育係として仕えた【　3　】が書いた物語は、現在も世界の国々で読まれています。

語群

ア　奈良　　**イ**　京都　　**ウ**　鎌倉　　**エ**　中臣鎌足　　**オ**　清和天皇
カ　中大兄皇子　　**キ**　清少納言　　**ク**　紫式部　　**ケ**　小野小町

2．**資料1**の時代のころの文化として、**適当ではないものを1つ選び**、記号で答えなさい。

ア　貴族はふすまや障子のある寝殿造《しんでんづくり》のやしきで暮らし、和歌やけまりなどを愉《たの》しんだ。
イ　漢字からできたかな文字を使うことで、自分の気持ちなどが細かく表現できるようになった。
ウ　貴族の生活ぶりを色あざやかにえがかれた大和絵の技法が確立した。
エ　朝廷を中心として、美しくはなやかな日本風の文化が貴族の暮らしの中から生まれた。

3．**資料2**は書院造の建物である。この建物を建てた人物を答えなさい。

4．**資料2**を建てた人物が活躍したころ、有力者が二分して争った戦乱が11年間も続き、都は焼け野原になった。この戦乱の影響で地方へ移り住む者も増え、中央の文化が地方に広まった。この戦乱を何というか答えなさい。

5．**資料２**のころの時代のようすについて述べたものとして適当なものを**ア～エ**から１つ選び、記号で答えなさい。

ア　家来は領地をもらった「ご恩」に対して、戦いがおきたときには命がけで戦った。
イ　貴族は主人の住まいを中心に、様々な建物が廊下でつながったつくりの大きな屋敷に住むようになった。
ウ　３代将軍のあと、有力な武士が執権となり政治を進めるようになった。
エ　中国の明と貿易を行うようになり、文化や芸術が保護されて発展した。

6．**資料３**について、日本に攻めてきた外国との２度にわたる戦いの、最初の戦いのようすを表している。この戦いのあと、次の戦いに備えて築かれたものは何か、答えなさい。

7．**資料３**について、この絵を描かせた竹崎季長《たけざきすえなが》は熊本県から幕府まで出向き、**「あること」**を直接幕府に訴えた。**「あること」**の内容と直接幕府に訴えにきた目的を説明しなさい。

8．**資料１～３**を**古い順**に並べなさい。

3　**次の年表を見て、あとの各問いに答えなさい。**

年表

	できごと
	A
1867	①**15代将軍**が政権を朝廷に返す
	B
1868	②**明治維新**の改革を新政府がはじめる
	C
1877	③**西南戦争**が起きる
	D
1889	④**大日本帝国憲法**が発布される
	E

1．**下線部**①の人物を答えなさい。

2．**下線部**②の中心を担ったのは地方の藩の出身者でした。木戸孝允や伊藤博文の出身藩で、新政府に大きな影響を与えた藩を答えなさい。

3．**下線部**③などの反乱を各地で引き起こしたのは、生活に不満をもったある身分の人々だった。この反乱の中心となった身分を答えなさい。

4．**下線部**④において、軍隊を率いたり条約を結んだりをするのは誰の権限とされましたか、答えなさい。

5．政府の中心人物であった伊藤博文が初代内閣総理大臣に任じられたのは、**年表のＡ～Ｅ**のどこの期間にあてはまるか、記号で答えなさい。

6．20才になった男子に3年間軍隊に入ることを義務づけたのは、**年表のＡ～Ｅ**のどこの期間にあてはまるか、記号で答えなさい。

7．次の文章は年表の期間に出版され、ベストセラーとなった本の内容である。本の名前を答えなさい。

資料

「天は人の上に人を造らず人の下に人を造らずと言えり」されば天より人を生ずるには、万人は万人みな同じ位にして、生まれながらきせん上下の差別なく、万物の霊たる身と心との働きをもって天地の間にあるよろずの物を資とり、もって衣食住の用を達し、自由自在、互いに人の妨げをなさずしておのおの安楽にこの世を渡らしめ給うの趣意なり。

令和４年度

九州学院中学校　奨学生・専願生入学試験問題

国　　語

（注意：解答はすべて解答用紙に書きなさい。）

（45分）

2022(R4) 九州学院中
K 教英出版

1 次の――線部の漢字はひらがなに、かたかなは漢字に改めなさい。

① 駅まで案外早く着いた。
② 父は真面目な性格である。
③ 石が丸みを帯びている。
④ 周りの期待に応えよう。
⑤ 彼女は度胸のある人だ。
⑥ 薬で腹痛がオサまる。
⑦ 日本ケイザイについて学ぶ。
⑧ 街に電気をキョウキュウする。
⑨ 鏡に自分の姿をウツす。
⑩ 海で釣り糸を夕らす。

2 次の文章を読んで、あとの問いに答えなさい。（ただし、**句読点や記号なども字数に数える**ものとします。）

Ⅰ ことばを文字で表す場合に〝書く―読む〟の対応で伝達が成り立ちます。それが音声で表す場合には、〝話す―聞く〟の対応になります。従って、〝書く―話す〟〝読む―聞く〟のそれぞれの間には、極めて密接《みっせつ》な関連があると言えます。それは〝書く―話す〟が伝達活動、〝読む―聞く〟が受容活動であるという明確な共通点を持っています。ですから、①国語の勉強の根本的心構えとして、前者が正しい伝達、後者が正しい受容につながるように、常に準備と習練を怠《おこた》らぬように努めたいものです。

しかし、〝書く―話す〟〝読む―聞く〟が、文字と音声という表現手段の違いによって、微妙な食い違いを生じることも争え(注)ません。たとえば、文章の上手な人でも口の重い人もあれば、話上手が必ずしも名文家というわけでもありません。従って、〝口も八丁、手も八丁〟で、書くのも話すのも自由自在というような人があれば、驚きをもって迎えられることになります。

Ⅱ ここでもう一つ考えたいのは、〝話す〟〝聞く〟に対応して〝しゃべる〟〝聞こえる〟があることです。〝話す―しゃべる〟〝聞く―聞こえる〟の対応は極めて類似しているようですが、実は全く異質のものなのです。②〝おしゃべり〟と〝お話〟とでは語感もずいぶん違います。〝おしゃべり〟といえば井戸端会議《いどばたかいぎ》の発言が連想されます。思いつくままに、口から出まかせに、無秩序《ちつじょ》、無計画、そして無責任に飛び出してくる発言がおしゃべりであって、これではいくら話題の中心になっても話し上手とは言えません。

本当の話し上手になるためには、やはり書き上手であることが必要です。③書き上手ならば、いくら無口であっても、いざという時には話し上手になるはずです。ですから、書くことの練習方法はそのまま話すことの練習方法につながります。この練習によって、どれだけのことを、どれほどの時間に、どのようにまとめて話すか――それに応ずる内容の組み立てをすることができます。この準備が、おしゃべりと本質的に違うところです。

〝書く〟と〝話す〟の最大の相違《そうい》点は、前者が読者を予想さえしておれば、孤独《こどく》の環境《かんきょう》においても成り立つのに反し、後者は聞き手の前でなければ成り立たないことです（録音を聞かせるという手もありますが、機械の(注)介入《かいにゅう》は人間対人間の関係を(注)希薄化《きはくか》するので、変則的なものと言わざるを得ません）。人の面前で行うということが、意外と大きな心理的負担となる場合があります。

あなたがもし〝話す〟ということに自信が持てなくても、(注)尻込《しりご》みなどしないでください。たとえ下手でも、下手は下手なりの味が出せるものです。何でも試みてみようとする積極性――それが若者の特権なのです。一度や二度失敗して赤い顔をしても、はじめから上手にできるはずがあるものかと、あつかましさに堪《た》える図太さがあれば、どんな下手でも上手になれます。どんな名人でも、 A からこそ名人になれたのです。

Ⅲ 〝聞くこと〟は理解するということです。〝聞き知る〟などと言いますが、〝聞こえる〟についてはそうはなりません。〝聞こえる〟は生理的現象で〝聞く〟は意志的行為《こうい》だからです。〝一を聞いて十を知る〟ということばが(注)「論語」に出ています。聞くことは知ることにつながります。一を聞いたら少なくとも一を知り、これを更に二から十へと発展させようとする意欲をもってことばを受けとめる、④これが〝聞くこと〟だといえましょう。

相手のことばを要約し、相手のことばの真意を見分ける――これには(注)明晰《めいせき》な理解力を必要とします。正しく〝聞く〟ためには、全人間的な(注)修練が要求されるのです。聞く人自身の修練に応じた聞き方しかできないのです。 B 、修練を果たした上でなければ聞くことができないのではなく、聞くことによっても修練はできるのです。それは、〝素直に聞く〟ということです。

若者には強大な自我の目覚めがあります。それがどうかすると、自己拡大のにおいを持った(注)尊大思想に陥《おちい》りやすい危険をはらんでいます。それを救うためには、広い視野と将来を見通す深い(注)洞察《どうさつ》が必要です。それがあると固く信じながらも、自己中心の目先だけしか見ていないかもしれないのです。将来のことなどどうでもいいではないか、それはその時に考えたら良いという気が生じたら危険です。自己を現在で断ち切るのは、将来の可能性への(注)ビジョンを自ら断ち切ることになるからです。

[Ⅳ] ⑤〝話し上手（　　）聞き上手〟ということばもあります。自己主張の〝話し上手〟ももちろん大切ですが、先ず謙虚《けんきょ》な〝聞き上手〟になりましょう。正しく聞いた上で正確な批判を導き出すようにしましょう。〝聞く〟ことが〝聞こえる〟ことと[C]であることを証明するために、自分自らの反応を示さねばならないからです。

（橋本武『橋本式国語勉強法』岩波ジュニア新書による。）

（注）○争えません＝否定することができない。
○介入＝本来の当事者でないものが強引にかかわること。
○希薄化＝少なく薄れていくこと。
○尻込み＝ためらうこと。
○「論語」＝中国の思想家である孔子とその弟子たちとの問答などを集録した書物。
○明断な＝明らかではっきりしているさま。
○修練＝精神や技術をみがききたえること。
○尊大思想＝たかぶってえらそうにするかんがえ。
○洞察＝よく見通すこと。
○ビジョン＝未来像。見通し。

問題1　筆者は、――線部①「国語の勉強の根本的心構えとして、前者が正しい伝達、後者が正しい受容につながるように、常に準備と習練を怠らぬように努めたいものです。」と述べていますが、ａ「前者」、ｂ「後者」にふさわしい組み合わせを次のア～エの中から一つずつ選び、記号で答えなさい。

ア　〝書く―読む〟　　イ　〝書く―話す〟　　ウ　〝話す―聞く〟　　エ　〝読む―聞く〟

問題２　――線部②「おしゃべり」について筆者が説明しているところを文章中から四十一字で探し、はじめと終わりの五字をぬき出して答えなさい。

問題３　――線部③「書き上手ならば、いくら無口であっても、いざという時には話し上手になるはずです。」とありますが、

(1)「無口」とありますが、「無口な人」と似た意味で用いられている言葉をこれより前の文章中から探し、五字でぬき出して答えなさい。

(2)「書くこと」によって、何ができるようになるのですか。文章中から十字以内でぬき出して答えなさい。

問題４　[A]に当てはまる言葉としてふさわしいものを次のア～エの中から一つ選び、記号で答えなさい。

ア　時間に厳しい　　イ　自分だけを信じる　　ウ　孤独でいる　　エ　繰り返している

問題５　――線部④「これが〝聞くこと〟だといえましょう。」とありますが、

(1)　筆者が述べる「聞くこと」とはどういうことですか。解答欄《らん》に合う形で、三十字以内で書きなさい。

・一を聞いたら一を知り、（　　　　）こと。

(2)　また、それは(1)がどのような行為だからだと筆者は述べていますか。文章中から五字でぬき出して答えなさい。

問題６　[B]に当てはまる言葉としてふさわしいものを次のア～エの中から一つ選び、記号で答えなさい。

ア　そして　　イ　さて　　ウ　しかし　　エ　あるいは

問題７　――線部⑤「話し上手（　）聞き上手」とありますが、（　）に当てはまる言葉を、文章の内容をふまえて次のア～エの中から一つ選び、記号で答えなさい。

ア　でも　　イ　と　　ウ　は　　エ　より

問題８　C に当てはまる言葉を、文章中の Ⅱ のところから二字でぬき出して答えなさい。

問題９　文章中で筆者が述べている内容として、ふさわしくないものを次のア～オの中からすべて選び、記号で答えなさい。

ア　相手のことばの真意を見分けるには理解する力が必要であり、〝素直に聞く〟ということは大切なことである。

イ　話し上手になるためには、たくさんの話題について身近な人とともに〝おしゃべり〟をしていくべきである。

ウ　本当の話し上手になるためには、書き上手であることが必要であり、書くことは話すことの練習につながる。

エ　〝書くこと〟と〝話すこと〟はどちらも伝達活動であり、その大きな違いは、人前で行うかどうかという点である。

オ　若者が抱く「どうでもいい」という感情は一時的なもので、〝話し上手〟になりさえすれば自然と断ち切られる。

3 小学六年生のすみれの家には、仕事の都合で「おじいちゃま」（ママのおとうさま）が一ヶ月間泊《とま》りに来ていた。母親は「おじいちゃま」が泊りに来ていたことを喜んだが、すみれは普段《ふだん》とは違う生活に疲《つか》れを感じ、自分のことを嫌《いや》な孫だと感じていた。以下はそれに続く場面です。読んで、あとの問いに答えなさい。（ただし、**句読点や記号なども字数に数える**ものとします。）

お詫び

著作権上の都合により、文章は掲載しておりません。
ご不便をおかけし、誠に申し訳ございません。

教英出版

（西加奈子『おまじない』、「孫係」筑摩書房による。）

（注）　○長野の家＝三年前に妻を亡くし、今は長野県で独り暮らしをしている。

問題１　**［Ａ］に当てはまる言葉としてふさわしいものを次のア～エの中から一つ選び、記号で答えなさい。**

ア　自由　　イ　孤独　　ウ　平和　　エ　不安

問題２　**――線部①「おじいちゃまは私の予想と全然違う顔をしていた」とありますが、「私」は祖父がどのような顔をしていると予想していましたか。文章中の言葉を使って、十五字程度で答えなさい。**

問題３　**［Ｂ］に当てはまる言葉を文章中から八字でぬき出して答えなさい。**

問題４　**――線部②「私はなんだかワクワクしていた」とありますが、このときの「私」の気持ちとしてふさわしいものを次のア～エの中から一つ選び、記号で答えなさい。**

ア　上品で素敵だったおばあちゃまが、どのような悪態をついていたのだろうかと不安になって落ち着かない気持ち。

イ　みんなに好かれていたおばあちゃまのことを夫であるおじいちゃまが悪く言うことをとても面白く感じる気持ち。

ウ　みんなに好かれていたおばあちゃまが、自分と同じように周りの人が嫌になることがあったと知って嬉しい気持ち。

エ　上品で素敵だったおばあちゃまが、実は友人のことを嫌っていたということが事実かどうか確かめようという気持ち。

問題５　**――線部③「そういうもの」とありますが、どういうことですか。二十五字以上、三十字以内で答えなさい。**

問題6　C に当てはまる言葉を漢字一字で答えなさい。

問題7　――線部④「このおじいちゃまの姿をママに見せてはいけないのだ」とありますが、「私」が母親にこの祖父の姿を見せたくないのはなぜですか。「母親がこの祖父の姿を見たら」に続くように五字程度で答えなさい。

問題8　――線部⑤「そのアイデアは、私にとってものすごく素敵なことに思えた」とありますが、どういうことですか。説明した次の文の（　　）に当てはまる言葉を文章中から十字以内でぬき出して答えなさい。

・係だと割り切って孫らしくふるまおうという祖父の提案は、（　　　　）として疲れていた「私」の心を軽くしてくれた。

令和４年度

九州学院中学校　奨学生・専願生入学試験問題

算　　数

（注意：解答はすべて解答用紙に書きなさい。）

（45分）

1 次の計算をしなさい。

(1) $128-49$

(2) 6.5×2.3

(3) $7.68\div1.2$

(4) $84\div14\times3$

(5) $(210+46\times30)\div5$

(6) $2\frac{1}{12}\div\left\{\left(3\frac{1}{2}-1\right)\times\left(2-\frac{1}{3}\right)\right\}$

2 次の各問いに答えなさい。

(1) 秒速８ｍは分速何ｍか求めなさい。

(2) ある学校の今年の生徒数は昨年より13％増え、1808人になった。昨年の生徒数を求めなさい。

(3) 大小２個のさいころを同時に１回投げた。出た目の合計が６になる場合は何通りあるか求めなさい。

(4) ７で割ると３余り、５で割ると１余る整数のうち、最も小さいものを求めなさい。

(5) しょうへい君の４教科のテストの平均点は70.5点である。国語は64点、社会は78点、理科は68点である。残りの算数は何点か求めなさい。

(6) 下の展開図を組み立ててできる三角柱の体積を求めなさい。

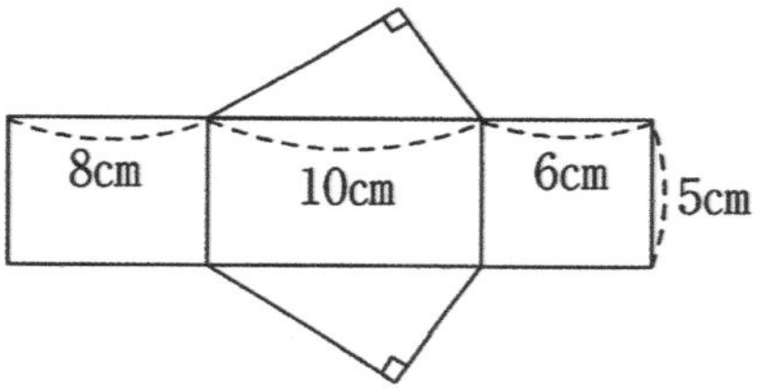

(7) 下の図において、色のついた部分の面積を求めなさい。

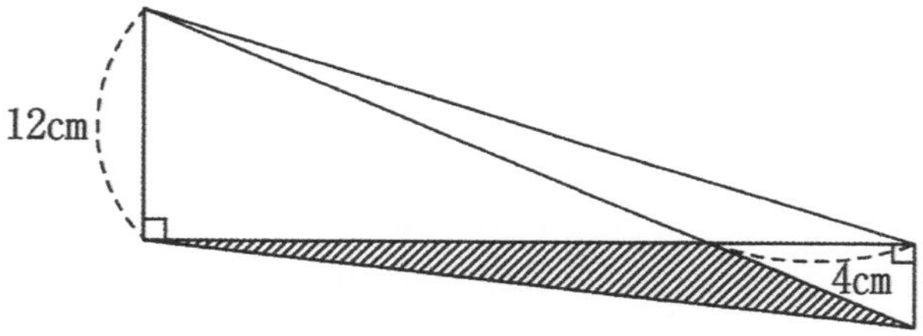

(8) 下の図のように、ある規則に従ってご石を並べる。外側のご石の数が36個になるのは何番目のときか求めなさい。

3 一郎君、二郎君、三郎君がそれぞれＰ、Ｑ、Ｒ地点から出発し、同時にＧ地点に着いた。一郎君は10時35分にＰ地点を出発して、Ｇ地点までの6kmの道のりを時速15kmの速さで自転車に乗って行った。二郎君はＱ地点を出発して、Ｇ地点までの2.35kmの道のりを時速4kmの速さで歩いた。三郎君は10時44分にＲ地点を出発して、時速3.4kmの速さで歩いた。このとき、次の各問いに答えなさい。

(1) この3人がＧ地点に着いた時刻を求めなさい。

(2) Ｒ地点からＧ地点までの距離を求めなさい。

(3) 二郎君がＱ地点を出発した時刻を求めなさい。

4 たて4cm、横15cm、高さ5cmの直方体と、直径4cmで高さ10cmの円柱を下の図のように組み合わせた容器を床の上に置いた。この容器に毎分32cm^3の水を入れていくとき、次の各問いに答えなさい。ただし、円周率は3.14とする。

(1) 下の図の容器の容積を求めなさい。

(2) この容器に水を入れて、満杯になるまで何分何秒かかるか求めなさい。

(3) この容器に水を入れ始めて12分33秒後には水面の高さは床から何cmになっているか小数第2位を四捨五入して小数第1位まで求めなさい。

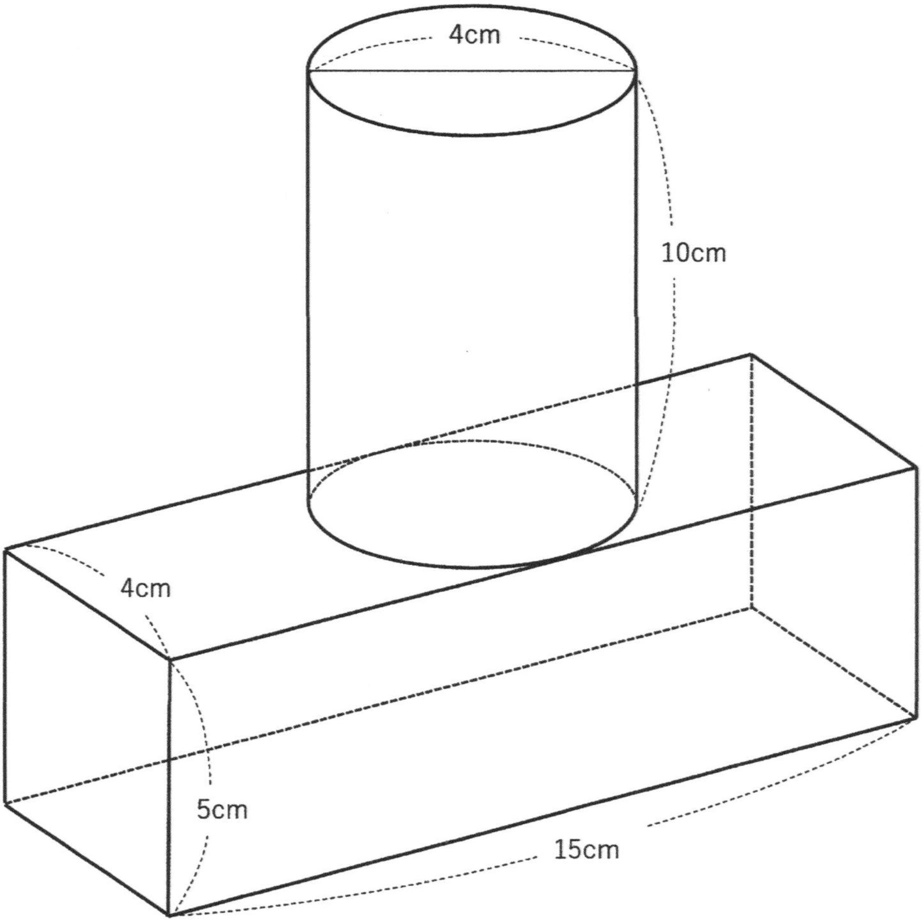

2022(R4) 九州学院中
K 教英出版

令和４年度

九州学院中学校　奨学生・専願生入学試験問題

理　　科

（注意：解答はすべて解答用紙に書きなさい。）

（30分）

1 電気の通り道について、次の各問いに答えなさい。

(1) １つの輪のようになっている電気の通り道を何といいますか。漢字で答えなさい。

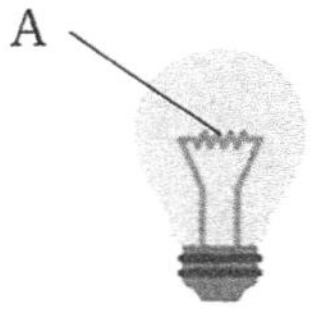

図１

(2) 図１は豆電球のつくりを表しています。電気を流すと赤く光るＡの部分を何といいますか。

(3) かん電池と導線をつないで電気の通り道をつくるとき、危険をさけるために注意しなければいけないことがあります。「かん電池」、「導線」という言葉を用いて、注意しなければならないことを答えなさい。

(4) 図２のように２個のかん電池を同じ極どうしでつなぎ、電気の通り道をつくったとき、豆電球の明るさはかん電池１個のときと比べてどうなりますか。

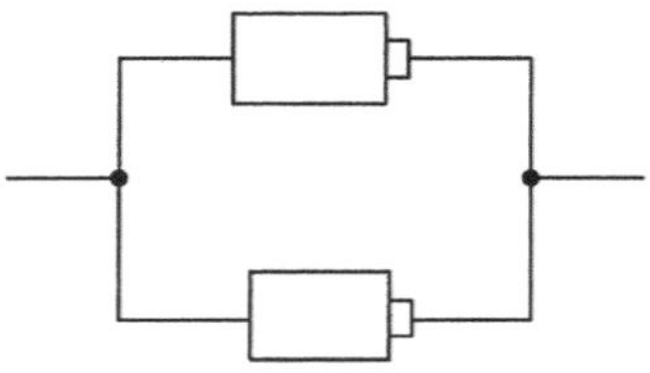
図２

(5) (4)の下線部のようなつなぎ方を何といいますか。

(6) 図３のように同じ性質の豆電球を７個とかん電池２個をつなぎました。明るさが他と異なるものはどの豆電球ですか。あ～きの記号で答えなさい。

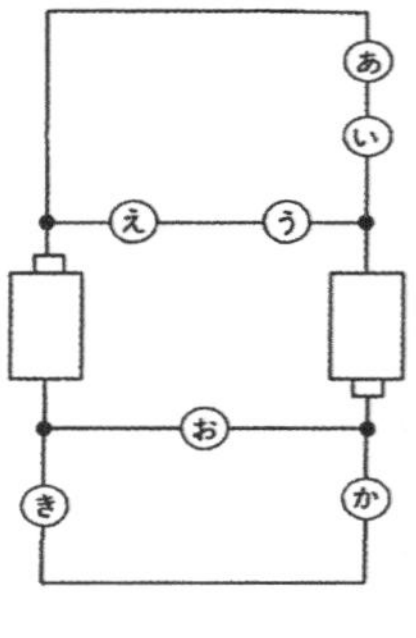

図３

2 月について、次の各問いに答えなさい。

(1) 月は毎日少しずつ形を変えていきます。満月のあと、次の満月までおよそ何日かかりますか。もっとも正しい答えを次のア～エから１つ選び、記号で答えなさい。

ア 10日　　イ 30日　　ウ 50日　　エ 100日

(2) 月の表面には丸いくぼみが見られます。このくぼみを何といいますか。

(3) 空を見ると、右の図４のような月が見えました。この月の形は、次の日以降、どのように変化しますか。もっとも正しい答えを次のア～ウから１つ選び、記号で答えなさい。ただし、月を見るときに望遠鏡などは使用していません。

図４

ア だんだん欠けていき、新月になる。
イ だんだん大きくなり、半月になる。
ウ 欠けるか、大きくなるかはわからない。

(4) ある日の夕方、空には満月が見えました。このとき、満月が見える方位を答えなさい。

(5) 次の文は、月について説明したものです。まちがっているものを次のア～ウから１つ選び、記号で答えなさい。

ア 満月は、正午に見ることはできない。
イ 月はどの形であっても東からのぼり、西にしずむ。
ウ 季節によって、月が北の空に見えるときがある。

(6) 2023年４月20日は太陽・月・地球の順に、一直線上にならぶ天体ショーが見られます。この太陽・月・地球の順に、一直線上にならんだときに見られる現象を何というか答えなさい。

3 体のつくりと運動について、次の文を読み、(①)～(③) に当てはまる言葉をすべて漢字で答えなさい。また、(1)～(3)の各問いに答えなさい。

私たちの体をさわってみると、中にしんのようにかたい部分とやわらかい部分があることがわかります。かたい部分を（　①　）といい、病院のレントゲン室などで特別な光を当てると写すことができます。頭からあしの先までさまざまなところに約200個の (①) があるのです。そのまわりには、やわらかい部分である（　②　）がついていて、(①) を動かします。また、体が曲げられるところすべてに（　③　）があります。

(1) 1895年、ドイツの物理学者レントゲンが発見した、(①) を写すことができる特別な光を何といいますか。

(2) 図５はのばしたうでのようすを表しています。(あ)、(い)がそれぞれどのように動くことでうでを曲げることができますか。(あ)、(い)それぞれの動きに当てはまるものを次のア～エから１つ選び、記号で答えなさい。

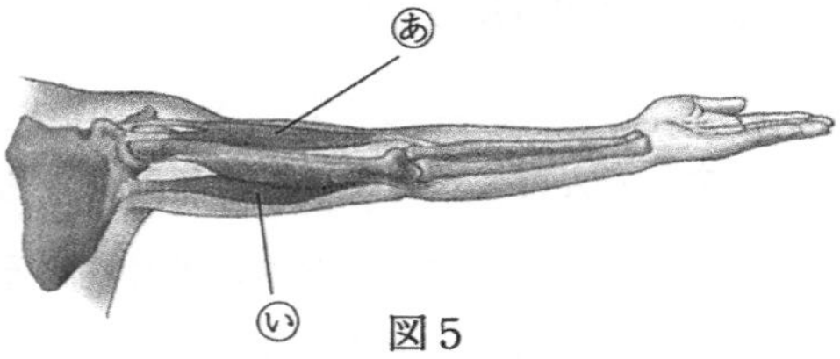

図５

ア　(あ)：縮む　(い)：縮む　　イ　(あ)：縮む　(い)：のびる

ウ　(あ)：のびる　(い)：縮む　　エ　(あ)：のびる　(い)：のびる

(3) (①) の役割として適当なものを次のア～オからすべて選び、記号で答えなさい。

ア　かぜをひきにくくする。

イ　体を支える。

ウ　内臓などの体の中のものを守る。

エ　体を小さくする。

オ　体温を高くする。

4　私たちは、生活の中でいろいろなものを燃やしています。ものが燃えるために必要な気体を調べるために、次の実験を行いました。実験の手順を読み、各問いに答えなさい。

〈実験の手順〉

1．ちっ素、酸素、二酸化炭素をA～Cのびんに集める。

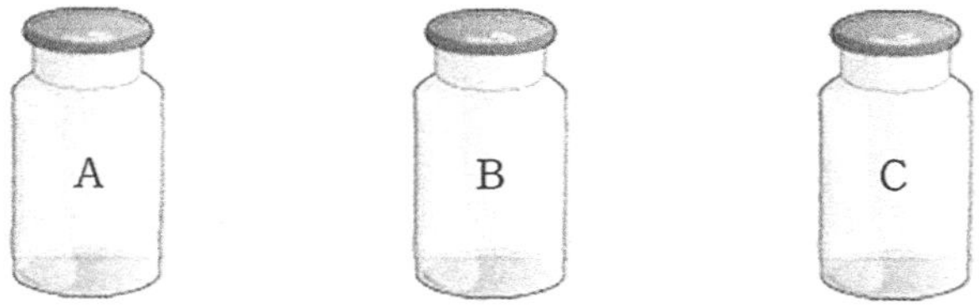

ちっ素　　酸素　　二酸化炭素

2．器具①にろうそくを取り付ける。

3．ろうそくに火をつけ、びんの中に入れる。

4．びんの中のようすを観察する。

5．ろうそくの火が消えた後、それぞれのびんに石灰水を入れて、変化を観察する。

器具①

(1)　器具①の名前を答えなさい。

(2)　ろうそくを入れた後、火が燃え続けたのはどのびんですか。A～Cから1つ選び、記号で答えなさい。

(3)　石灰水が目に入らないように使用する右の図6の道具の名前を答えなさい。

図6

(4)　(3)の道具を使うのは、石灰水がある性質を持っているためです。その性質を調べるために、リトマス紙を使いました。その結果として、正しいものをア～エから1つ選び、記号で答えなさい。

ア　青色リトマス紙が赤色になり、赤色リトマス紙が青色になる。

イ　青色リトマス紙は変化せず、赤色リトマス紙が青色になる。

ウ　青色リトマス紙が赤色になり、赤色リトマス紙は変化しない。

エ　青色リトマス紙は変化せず、赤色リトマス紙も変化しない。

(5) 石灰水の色が変化したびんはＡ～Ｃのどれですか。すべて選び、記号で答えなさい。

(6) この実験の結果、ものを燃やすとある気体が増えることが分かりました。その気体の名前を答えなさい。

令和４年度

九州学院中学校　奨学生・専願生入学試験問題

社　　会

（注意：解答はすべて解答用紙に書きなさい。）

（30分）

1 次の会話文を読み、各問いに答えなさい。

シンジ：１年延期となった東京オリンピック・パラリンピック2020が無事終了しました。オリンピアン、パラアスリートの活躍や大会スタッフの姿を見て、どんな困難からも逃げちゃダメだということを学びました。

マ　リ：テレビで見るオリンピック・パラリンピック選手の姿に、私は何度も感動しました。

シンジ：僕は、夏休みの宿題で東京オリンピック・パラリンピック2020について調べたことをレポートにまとめました。

マ　リ：どんなことを調べたの。

シンジ：①プレゼンテーションソフトをつかってまとめたので、これから紹介します。

このスライドは、オリンピックリングとよばれる、いわゆるオリンピックマーク、五輪マークです。５つの輪は②５つの大陸を意味していて、この輪のつながりが世界の連帯を示しているといわれています。

2020 大会
ポスター

このスライドは、前回東京であった③1964年大会と④2020大会のポスターです。いずれのポスターも日本開催を強くアピールするものとして、国内外から高く評価されました。

このスライドは、⑤選手村を巡回した自動運転の大型電気自動車です。車両サイズは全長5.2ｍ、幅２ｍ、高さ2.7ｍです。⑥日本の自動車メーカーは、自動運転技術の開発に積極的です。町中を自動運転の自動車が走る日も近そうですね。

省略
（ピクトグラム）

このスライドは、ピクトグラムと呼ばれるものです。開会式の演出でも話題になりました。ピクトグラムには⑦「ひと目でわかる」「言語を超えて意味が伝わる」という特徴があるため、会場のさまざまな場所でも使用されていました。

このスライドは、選手村にあるビレッジプラザというエリアです。ここでは、「日本の木材活用リレー」プロジェクトにより全国から無償で借り受けた⑧木材が使用されています。また、⑨大会後、木材は返却され再利用されることから、サステナブルな取り組みとして注目されています。

このスライドは、選手村の食堂です。選手の栄養面でのサポートをした食堂は、⑩日本全国、世界各地からさまざまな食材が集められました。日本食はもちろん、外国の選手にあわせた食事も用意され、大好評だったようです。

日本財団パラリンピックサポートセンターHPより一部転載

シンジ：以上が調べたことです。

マ　リ：オリンピック・パラリンピックは、大会役員や⑪公共性の高い活動に自らの意志で参加している□□□□の人たちによって支えられていることがよくわかりました。

シンジ：それだけに、無観客《むかんきゃく》での開催《かいさい》になって、世界中の人たちを「おもてなし」で迎えることができなくて残念だったね。

マ　リ：⑫□□□□に住んでいる友人のアスカもオリンピックを観戦するために帰国する予定だったのでとても残念がっていました。アスカによるとオリンピック・パラリンピック後、外国では日本のアニメやゲームなどの文化がさらに注目されているそうです。

シンジ：日本のアニメやゲームを用いた開会式の演出や選手のパフォーマンスもありましたね。1日も早く当たり前の日常を取り戻し、外国からたくさんの人が訪れるようになってほしいです。先日は⑬国会議員を選ぶ選挙がありました。政治家の人たちには国民の期待を忘れず、がんばってほしいと思います。

1．下線部①を使用したまとめ方として**適当《てきとう》ではないものを、次のア～エから１つ選び**、記号で答えなさい。

ア　どんな内容をスライドに入れるか、各ページのタイトルを決める。
イ　インターネットで調べた写真や記事は著作権《ちょさくけん》の侵害《しんがい》にあたるため使用しない。
ウ　背景のデザインやタイトルの色などを決め、見やすくする。
エ　自分で撮影《さつえい》した写真や作成したグラフは、パソコンに資料フォルダを作成しておく。

2．下線部②について、フランスやドイツのある大陸名を答えなさい。

3．下線部③について、このころに（1960年代）日本で起きた出来事として**適当ではないものを、次のア～エから１つ選び**、記号で答えなさい。

ア　東海道新幹線が開通した。
イ　国民所得倍増計画が発表された。
ウ　国内総生産額が世界第二位になった。
エ　サンフランシスコ平和条約に調印した。

4．下線部④は、日本古来より存在し、江戸時代の歌舞伎役者《かぶきやくしゃ》が舞台で着用した着物の柄「市《いち》松模様《まつもよう》」をモチーフにつくられたものです。「市松模様」のように受け継がれてきた技術を生かした着物など日本各地にはさまざまな特産品があります。このような古くから伝わった技術を生かして、長く受け継がれてきた産業を何と言いますか。解答欄《かいとうらん》に合うように答えなさい。

5．下線部⑤について、その特徴を**ユニバーサルデザインの観点《かんてん》**に注目し、簡単に説明しなさい。

6．下線部⑥に関連した次の問いに答えなさい。
(1)　自動車メーカーの本社や関連工場が多くあり、都道府県別自動車（輸送用機械）の生産額の割合が最も多い都道府県を、**漢字で都道府県を付けて**答えなさい。また、その都道府県の県庁所在地も**漢字で**答えなさい。

(2) **資料１～４**から読み取れる内容として<u>**適当なものを、次のア～エからすべて選び**</u>、記号で答えなさい。

資料１

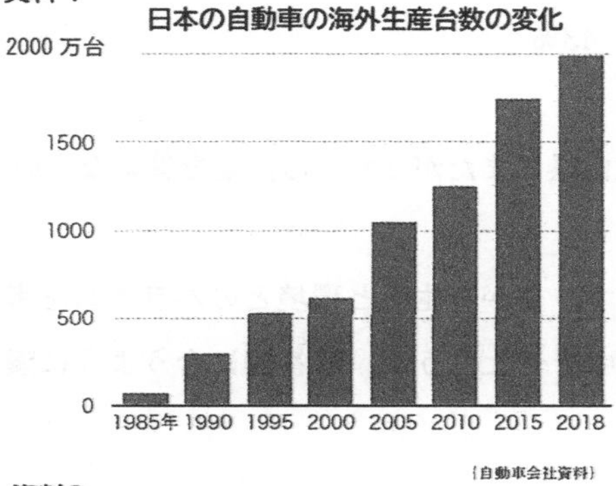

資料２

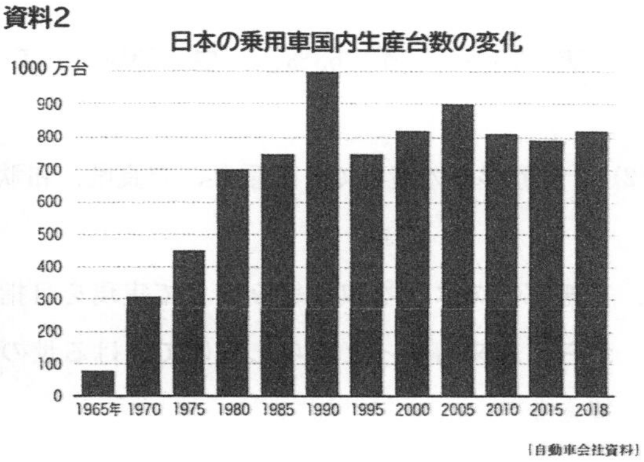

資料３

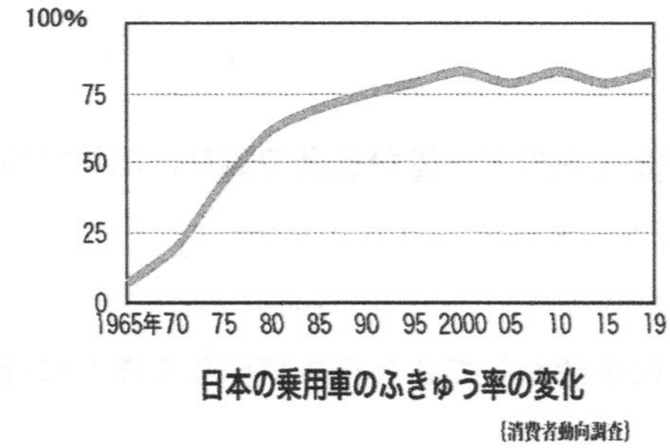

資料４

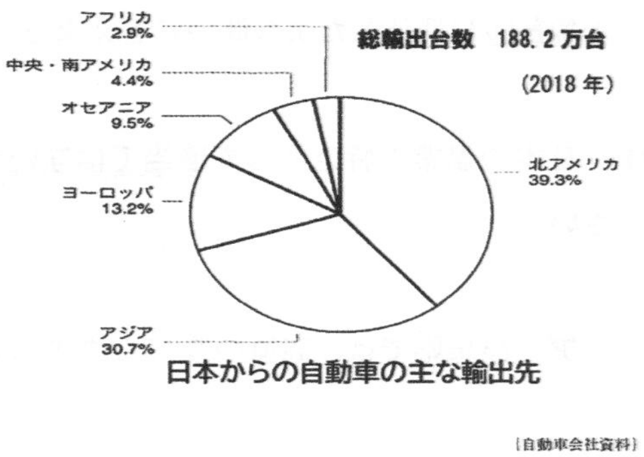

ア 日本の乗用車の国内生産台数が最も多かった年は2018年である。

イ 2018年のアジアへの輸出台数はおよそ58万台である。

ウ 日本の自動車の海外生産台数は1995年と比べて、2018年には約４倍増加している。

エ 日本の乗用車のふきゅう率は、2000年からおよそ15％程度減少している。

７．下線部⑦に関連して、次の地図記号が示すものをそれぞれ答えなさい。

地図記号 (1)

地図記号 (2)

8．下線部⑧に関連した次の問いに答えなさい。

(1)　日本の国土における山地の割合を、次の**ア～エから１つ選び**、記号で答えなさい。

ア　73％　　**イ**　63％　　**ウ**　53％　　**エ**　43％

(2)「吉野杉」の産地で、三重県、奈良県、和歌山県にまたがっている山地を答えなさい。

9．下線部⑨のような取り組みをして実現を目指す、豊かな生活と環境とのバランスを考えながら、未来もずっと暮らし続けていける世の中を何と言うか、解答欄《かいとうらん》に合うように**漢字で**答えなさい。

10．下線部⑩に関連した次の問いに答えなさい。

(1)　日本の農業の特色として**適当ではないものを、次のア～エから２つ選び**、記号で答えなさい。

ア　群馬県では、高原の夏でもすずしい気候を活かしてさとうきび作りを盛んに行っている。

イ　北海道の十勝地方では、輪作を行うなど農家の工夫が見られる。

ウ　高知県や宮崎県では、あたたかい気候を生かし、促成栽培が行われている。

エ　お米だけをつくる農家のことを専業農家、お米と野菜をつくる農家を兼業農家と言う。

(2)　下の表は、日本の農作物の上位生産都道府県を示したものです。表中の【　1　】から【　3　】に当てはまる語句を答えなさい。**【　1　】と【　3　】は都道府県をつけて漢字で答えなさい。**

	米
1位	新潟県(8.3%)
2位	【　1　】(7.6%)
3位	秋田県(6.8%)

	【　2　】
1位	熊本県(99.2%)
2位	福岡県(0.8%)

	ぶた肉
1位	【　3　】(13.9%)
2位	宮崎県(9.1%)
3位	【　1　】(7.6%)

農林水産省「作物統計（R1）」「畜産統計（H31）」より作成

〈国語〉令和4年度　九州学院中学校　奨学生・専願生入学試験解答用紙

受験番号

※100点満点
（配点非公表）

1

①	②	③	④	⑤
案外	真面目	帯びて	応え	度胸

⑥	⑦	⑧	⑨	⑩
オサまる	ケイザイ	キョウキュウ	ウツす	タらす

2

問題1　a　b

問題2　〜

問題3　(1)　(2)

問題4

(4)		(5)	点	(6)	cm^3
(7)	cm^2	(8)	番目		

3

(1)	時　分　秒	(2)	km	(3)	時　分　秒

4

(1)	cm^3	(2)	分　秒	(3)	cm

3

漢字		
①	②	③
(1)	(2)	(3)

4

(1)	(2)	(3)
(4)	(5)	(6)

11	12	13(1)	13(2)	14

2

1(1)	1(2)	1(3)	1(4)	2(1)
		→ → → →		

2(2)	2(3)	2(4)

2(5)

3(1)	3(2)

3(3)

4(1)	4(2)

〈社会〉令和４年度　九州学院中学校　奨学生・専願生入学試験解答用紙

受験番号	

※50点満点
（配点非公表）

1

1	2	3	4
			な産業

5

6(1)都道府県	6(1)県庁所在地	6(2)

7(1)	7(2)	8(1)	8(2)

9	10(1)	
な社会		

10(2)【 1 】	10(2)【 2 】	10(2)【 3 】	10(3)	

【解答用

〈理科〉令和４年度　九州学院中学校　奨学生・専願生入学試験解答用紙

受験番号	

※50点満点
（配点非公表）

1

(1)漢字	(2)	(3)

(4)	(5)	(6)
	つなぎ	

2

(1)	(2)	(3)

【解答用

〈算数〉令和４年度　九州学院中学校　奨学生・専願生入学試験解答用紙

受験番号	

※100点満点
（配点非公表）

1

(1)		(2)		(3)	
(4)		(5)		(6)	

2

問題5 (2)

問題6

問題7

問題8

問題9

3

問題1

問題2

問題3

問題4

問題5

問題6

問題7

母親がこの祖父の姿を見たら

問題8

(3)　日本の水産業の特色として**適当ではないものを、次のア～エから２つ選び**、記号で答えなさい。

ア　1977年ごろ、魚をとる範囲が沿岸から300海里に決められたので沖合漁業の漁獲量が減った。

イ　赤潮は海の中のプランクトンが大量に発生することで起こり、漁獲量が増える原因の１つです。

ウ　「せり」では、売りに出されたものに、買いたい人が値段を示しあい、値段と買う人が決まる。

エ　成魚になるまでいけすなどで育ててからとる養しょく漁業が各地で行われている。

11.　下線部⑪の［　　　　］にあてはまる語句を答えなさい。

12.　下線部⑫の［　　　　］にあてはまる国名を、下の文章（アスカがマリにあてた手紙）を参考にして答えなさい。

> 　私は今、父の仕事の関係で首都リヤドに住んでいます。リヤドは日本と比べてとても暑いです。デーツというなつめやしの実がとてもおいしく、私のお気に入りです。町ではモスクという礼拝所でいのりをささげる人たちをよく見かけます。宗教上、男女が同席することが制限されているので、隣の学校は先生もふくめてすべて女性です。その学校の友達に、日本のアニメやゲームについてよく聞かれます。オリンピック・パラリンピック以降、日本の文化が注目されています。日本に帰ったら、一緒に映画を見たり、ゲームをしたりしましょうね。

13.　下線部⑬に関連した次の問いに答えなさい。

(1)　下線部⑬は日本国憲法で保障された国民の権利の１つ、「政治に参加する権利」です。次のⅠ～Ⅲのうち、日本国憲法で保障された国民の権利として、**適当なものの組み合わせを、次のア～エから１つ選び**、記号で答えなさい。

Ⅰ	教育を受けさせる権利
Ⅱ	健康で文化的な生活を営む権利
Ⅲ	働く人が団結する権利

ア　ⅠとⅡ　　**イ**　ⅡとⅢ　　**ウ**　ⅠとⅢ　　**エ**　ⅠとⅡとⅢ

(2) 選挙で投票する権利を認められているのは何才以上の国民か答えなさい。

14. 東京オリンピック・パラリンピックが行われた【東京】を、**図1**中の**ア～キ**から選び記号で答えなさい。

図1

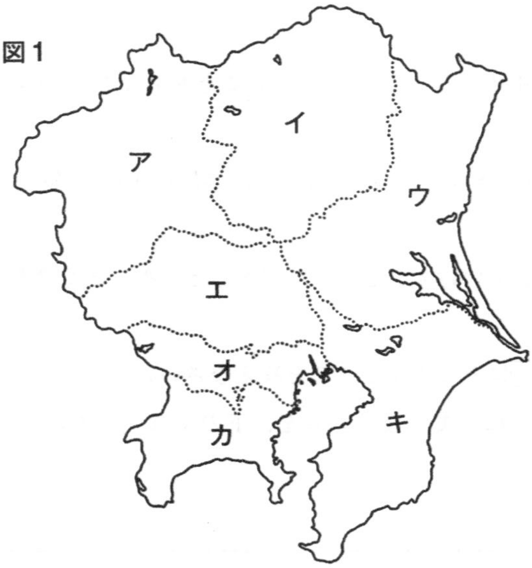

2 次の資料を見て、各問いに答えなさい。

1. **資料1**について、次の各問いに答えなさい。

資料1

220年	魏が建国される・・・・・・・・	**A**
589年	隋が中国を統一する・・・・・	**B**
618年	唐が建国される・・・・・・・	**C**
907年	唐が滅びる・・・・・・・・・・	**D**
1271年	モンゴルが国名を元とする・・	**E**

(1) **A**の国の古い書物にある記述の中で、邪馬台国というくにが日本にあったとされている。このころの日本は何とよばれていたか、**次のア～エから1つ選び**、記号で答えなさい。

ア 倭　**イ** 秦　**ウ** 武　**エ** 漢

(2)　**B**と**C**の間におきたできごととして**適当ではないものを、次のア～エから１つ選び**、記号で答えなさい。

ア　小野妹子が派遣される
イ　十七条の憲法が定められる
ウ　冠位十二階を定める
エ　中大兄皇子らが蘇我氏をたおす

(3)　**C**と**D**の間におきた**ア～オ**のできごとを年号の**古い順**に並びかえ、記号で答えなさい。

ア　大仏つくりが行われる
イ　遣唐使が停止される
ウ　聖武天皇が位につく
エ　新しい都、平安京がつくられる
オ　新しい都、平城京がつくられる

(4)　**E**のあと、２度にわたって大陸から大軍が九州北部に攻めてきたが、この時の執権を**次のア～エから１つ選び**記号で答えなさい。

ア　北条時宗　　**イ**　北条時政　　**ウ**　北条政子　　**エ**　北条泰時

２．**資料２**について、次の各問いに答えなさい。

資料２

年代	できごと
1577	①楽市・楽座令が安土城下に出される
	A
1588	②刀狩を命じる
	B
1603	③江戸幕府が成立する。

(1)　安土城下に下線部①を出したのは誰か、答えなさい。

(2) 下線部②を命じた人物は検地を行い、耕作している人物を調べて収入をたしかなものにした。検地をはじめた時期は**資料２中のＡかＢ**のどちらか答えなさい。

(3) 下線部③のとき、戦いに勝ち、全国支配を確かなものにした人物が朝廷から任ぜられた役職の名前を答えなさい。

(4) 下線部③において、全国の多くの大名が取りつぶされたが、その理由の多くは何に反したという理由だったか答えなさい。

(5) 下線部③には、参勤交代の制度が整えられていたが、これは名目の上では、将軍を守るためというものであるが、実際にはどのような目的で定められたものか答えなさい。

3．**資料３**について、これは天皇の名で定められ、天皇が神に誓約《せいやく》する形式で示された新しい政治の方針、五箇条の御誓文である。次の各問いに答えなさい。

資料３

一　政治のことは、会議を開き、みんなの意見を聞いて決めよう。
一　みんなが心を合わせ、国の政策を行おう。
一　みんなの志がかなえられるようにしよう。
一　これまでのよくないしきたりを改めよう
一　新しい知識を世界に学び、国を栄えさせよう。

(1) **資料３**の作成にかかわり、新しい国の体制を整えた人物を**次のア～エから１つ選び**、記号で答えなさい。

ア　板垣退助　　**イ**　伊藤博文　　**ウ**　福沢諭吉　　**エ**　木戸孝允

(2) やがて資料の中にある、「会議」を国に開いてほしいという声が高まり、人々の間にも政治参加を要求し、大きな運動へと発展していった。このような動きを何というか、答えなさい。

(3) のちに国民が参加する会議を開くため、初めての選挙が行われることになった。この時の選挙について、**次の用語をすべて使って**説明しなさい。

【　選挙権　】【　税金　】【　25　】【　1.1%　】【　男子　】

4．**資料4～6**をみて、次の各問いに答えなさい。

資料4

資料5

	できごと
	ア
1894	日清戦争はじまる
	イ
1904	日露戦争はじまる
	ウ
1910	韓国併合が行われる
	エ
1914	第一次世界大戦がはじまる
	オ

資料6

(1) **資料4**はある時期の日本の領土を示している。**資料5**の年表のどこの期間の領土であるのかを、**次のア～オから1つ選び**記号で答えなさい。

(2) **資料6**の写真の人物は、アメリカ留学後に外務省に入り、外交経験を積んだのち、ポーツマス条約の締結を実現し、さらに不平等条約の改正を達成した。この人物の名前を答えなさい。